Schreib- und Gestaltungsregeln für die Textverarbeitung

Schreib- und Gestaltungsregeln für die Textverarbeitung

Sonderdruck von DIN 5008:2001
und E DIN 5008/A1:2004

3. Auflage

Herausgeber:
DIN Deutsches Institut für Normung e.V.

Beuth
Berlin · Wien · Zürich

Herausgeber: DIN Deutsches Institut für Normung e. V.

© 2004 Beuth Verlag GmbH
Berlin · Wien · Zürich
Burggrafenstraße 6
10787 Berlin

Telefon: +49 30 2601-0
Telefax: +49 30 2601-1260
Internet: www.beuth.de
E-Mail: info@beuth.de

Satz: B & B Fachübersetzer GmbH
Druck: MercedesDruck GmbH
Gedruckt auf säurefreiem, alterungsbeständigem Papier nach DIN 6738

ISBN 3-410-15871-5

Vorwort

Bei der zuerst abgedruckten DIN 5008:2001-11 „Schreib- und Gestaltungs-regeln für die Textverarbeitung" handelt es sich um die derzeit geltende Fassung der Norm.

Zu dieser Fassung besteht ein Änderungsantrag der Deutschen Post AG, der im zuständigen Arbeitsausschuss des Normenausschusses Bürowesen (NBü) be-raten und bearbeitet wurde und zur Veröffentlichung des nachstehend abge-druckten Entwurfes für eine Änderung A1 zu DIN 5008:2001-11 führte.

Die vorgeschlagenen Änderungen, die ausschließlich Festlegungen zum An-schriftfeld betreffen, werden als Norm-Entwurf DIN 5008/A1:2004-07 der Öffent-lichkeit zur Diskussion gestellt. Die Einspruchsfrist endet am 30. September 2004. Danach ist vom zuständigen Arbeitsausschuss des NBü, nach gemein-samer Beratung mit den Stellungnehmern, über Form und Inhalt der endgültigen Festlegungen und die Neufassung der Norm zu entscheiden.

Bis zu dieser Entscheidung gilt DIN 5008 in der Fassung vom November 2001 und eine Anwendung der mit Norm-Entwurf DIN 5008/A1:2004-07 vorgeschlage-nen Änderungen wäre besonders zu vereinbaren.

Dr. Winfried Hennig   2004-06-24

Schreib- und Gestaltungsregeln für die Textverarbeitung

DIN 5008

ICS 35.240.20

Rules for text presentation

Règles pour la présentation des textes

Ersatz für
DIN 5008:1996-05

Vorwort

Diese Norm wurde vom Normenausschuss Bürowesen, Arbeitsausschuss 1.2 „Regeln für die Textverarbeitung", erarbeitet.

Die „Schreib- und Gestaltungsregeln für die Textverarbeitung" sind aus bewährten Erfahrungen der Praxis und Erkenntnissen der Rationalisierung entstanden. Die Regeln setzen den Schriftzeichenbestand der Normen für alphanumerische Tastaturen für die Daten- und Textverarbeitung sowie für Schreibmaschinen voraus.

Für die Rechtschreibung und Zeichensetzung gilt „Die amtliche Regelung der deutschen Rechtschreibung". In einzelnen Fällen weichen die „Schreib- und Gestaltungsregeln für die Textverarbeitung" von den Festlegungen für den Schriftsatz ab. Das ist bedingt durch die bei Büromaschinen mit alphanumerischer Tastatur festliegenden Schriftzeichen und deren Anwendung.

Diese Norm legt nicht fest, „was" zu schreiben ist, sondern „wie" ein vorgegebener Inhalt dargestellt werden soll.

Der Wortlaut der Beispiele ist frei gewählt. Aus den Musteranschriften im Anhang D und den Anwendungsbeispielen im Anhang E dürfen keine zusätzlichen Regeln abgeleitet werden.

Fortsetzung Seite 2 bis 60

Normenausschuss Bürowesen (NBü)
im DIN Deutsches Institut für Normung e.V.

Änderungen

Gegenüber DIN 5008:1996-05 wurden folgende Änderungen vorgenommen:

Die Norm wurde vollständig überarbeitet und neuen Erkenntnissen der Praxis angepasst, insbesondere durch

a) Berücksichtigung der neuen Rechtschreibregeln,

b) Aufnahme des Währungscodes EUR und des Euro-Zeichens,

c) Festlegungen zur Gestaltung von E-Mails,

d) Vereinfachung und Aktualisierung der Zahlengliederungen, insbesondere bei Telefonnummern,

e) die Aufnahme von Festlegungen für die Positionierung von Tabellen in Texten und von Gestaltungsgrundsätzen für Tabellen,

f) Gestaltung des Briefes A4 ohne Aufdruck,

g) Aufnahme von Anwendungsbeispielen für einen Beglaubigungsvermerk, den Brief A4 ohne Aufdruck mit einem Informationsblock, E-Mails und für Tabellen,

h) Aktualisierung der Musteranschriften.

Frühere Ausgaben

DIN 5008: 1949-04, 1951-06, 1963-11, 1975-11, 1986-11, 1996-05

Inhalt

1 Anwendungsbereich

Die Festlegungen in dieser Norm tragen dazu bei, die Texteingabe zu erleichtern, Schreibarbeit einzusparen, eine Verarbeitung der Informationen zu ermöglichen und die Übertragung der Daten zwischen unterschiedlichen Geräten sicherzustellen.

Diese Norm legt fest, wie durch ein einheitliches Anwenden von Schriftzeichen bei Textverarbeitungssystemen und Schreibmaschinen mit alphanumerischen Tastaturen eine leichte und eindeutige Lesbarkeit der Schrift gesichert werden kann und wie durch entsprechende Gestaltungsvorschriften die Schriftstücke zweckmäßig und übersichtlich gestaltet werden können.

2 Normative Verweisungen

Diese Norm enthält durch datierte oder undatierte Verweisungen Festlegungen aus anderen Publikationen. Diese normativen Verweisungen sind an den jeweiligen Stellen im Text zitiert und die Publikationen sind nachstehend aufgeführt. Bei datierten Verweisungen gehören spätere Änderungen oder Überarbeitungen dieser Publikationen nur zu dieser Norm, falls sie durch Änderung oder Überarbeitung eingearbeitet sind. Bei undatierten Verweisungen gilt die letzte Ausgabe der in Bezug genommenen Publikation (einschließlich Änderungen).

DIN 676, *Geschäftsbrief – Einzelvordrucke und Endlosvordrucke.*

DIN 1421, *Gliederung und Benummerung in Texten – Abschnitte, Absätze, Aufzählungen.*

DIN 55301, *Gestaltung statistischer Tabellen.*

DIN 16511, *Korrekturzeichen.*

DIN EN 28601, *Datenelemente und Austauschformate – Informationsaustausch – Darstellung von Datum und Uhrzeit (ISO 8601, 1. Ausgabe 1988, und Technical Corrigendum 1:1991); Deutsche Fassung EN 28601:1992.*

ISO 4217, *Codes für Währungen und Zahlungsmittel.*

ISO 13616, *Bankwesen – Internationale Bankleitzahl (IBAN).*

EBS 204 V3, *IBAN: Internationale Bankleitzahl*[1].

Die amtliche Regelung der deutschen Rechtschreibung in der im Bundesanzeiger vom 31. Oktober 1996 Nr. 205 a veröffentlichten Fassung[2].

3 Zeichensatz und Datenaustausch

Zeichen aus dem Sonderzeichenvorrat von Textverarbeitungsprogrammen dürfen verwendet werden.

---

[1] European Committee for Banking Standards (ECBS), 12 Avenue de Tervuren, 1040 BRUSSELS, BELGIEN, Internet: www.ecbs.org

[2] Bundesanzeiger Verlagsges. mbH, Postfach 10 05 34, 50445 Köln, Internet: www.bundesanzeiger.de

Beim elektronischen Datenaustausch ist der Zeichensatz des Empfängers zu berücksichtigen.

Diese Norm enthält jedoch keine Festlegungen über die zum elektronischen Datenaustausch geeigneten Zeichensätze.

4 Wörter

4.1 Worttrennung durch Mittestrich (Worttrennungsstrich)

... Versicherungs-
gesellschaft ...

Siehe Anhang G

4.2 Kopplung und Aneinanderreihung durch Mittestrich (Bindestrich)

Haftpflicht-Versicherungsgesellschaft
Druck-Erzeugnisse
Vitamin-C-Gehalt
öffentlich-rechtlich
6-Zylinder-Motor
A4-Format
Hamburg-Altona
Max-Planck-Institut
8-mal
4-zylindrig
42-prozentig
der 25-Jährige

Vor Nachsilben wird nur dann ein Bindestrich gesetzt, wenn sie mit einem Einzelbuchstaben verbunden werden.

der x-te   die n-te Potenz

Aber: 8fach   42%ig   1982er

4.3 Wortergänzungen durch Mittestrich (Ergänzungsstrich)

Ein- und Ausgang
Gepäckannahme und -ausgabe
Textilgroß- und -einzelhandel
1/2-, 2- und 4-prozentig

Wortwiederholung siehe 7.8

Siehe Anhang G

4.4 Auslassungspunkte

Für ausgelassene Textteile werden drei Punkte – mit je einem Leerzeichen davor und danach – geschrieben. Sie schließen am Satzende den Satzschlusspunkt mit ein.

Der Kommissionär haftet ... für den Eingang der Rechnungsbeträge, ...

Er gab erst den Takt an: „Eins-zwei, eins-zwei, ..."
Dann ...

Sie trafen sich in Berlin ..., wo ...

Aber: 20.. (für zu ergänzende Jahreszahlen)

4.5 Abkürzungen

Abkürzungen, die im vollen Wortlaut des ungekürzten Wortes gesprochen werden, erhalten einen Punkt. Folgen zwei oder mehrere Abkürzungen aufeinander, so werden sie mit Leerzeichen (siehe Abschnitt 5) geschrieben.

evtl.   zz.   Mio.   Mrd.   i. A.   z. B.   d. M.
u. a. m.   u. Ä.

Ausnahmen:

usw.   usf.

Abkürzungen, die wie selbstständige Wörter oder buchstäblich gesprochen werden, sind ohne Punkt und in sich ohne Leerzeichen zu schreiben.

UNICEF   Kfz   BGB   AG   OHG   GmbH

4.6 Währungsbezeichnungen

Währungsbezeichnungen stehen vor oder hinter dem Betrag. In fortlaufendem Text sollten sie hinter dem Betrag stehen.

270,00 EUR   EUR 270,00

0,05 EUR   EUR 0,05

270,00 €   € 270,00

Internationale Schreibung für Währungseinheiten entsprechend ISO 4217:

USD 7,65   CHF 0,50   JPY 100.000

Schreibung dezimaler Teilungen siehe 9.1

5 Zwischenräume

Zwischenräume entstehen durch Leerzeichen.

Je ein Leerzeichen (ein Anschlag der Leerzeichentaste) folgt nach ausgeschriebenen Wörtern und nach Abkürzungen, nach Zeichen, die ein Wort vertreten, nach ausgelassenen Textteilen, die durch Auslassungspunkte angedeutet sind, nach Zahlen und nach Satzzeichen.

Ausnahmen:

a) Satzzeichen
    Siehe 6.3 bis 6.5

b) Zwei oder mehrere aufeinander folgende Satzzeichen im selben Satz oder Satzteil
    Siehe Zeichensetzung nach der amtlichen Regelung der deutschen Rechtschreibung

c) Schrägstrich
    Siehe 7.7

d) Gliederung von Zahlen
    Siehe 9.2

e) Schreibung der numerisch geschriebenen Kalenderdaten und Uhrzeiten
    Siehe 9.4.1 und 9.5

f) Hoch- oder tiefgestellte Schriftzeichen
    Siehe 10.1 bis 10.5

g) In Vordrucken, etwa in Bezugszeichenzeilen, dürfen Leerzeichen aus Platzmangel wegfallen.

6 Satzzeichen und andere Zeichen

6.1 Punkt, Komma, Semikolon, Doppelpunkt, Fragezeichen und Ausrufezeichen

Punkt, Komma, Semikolon, Doppelpunkt, Fragezeichen und Ausrufezeichen folgen dem Wort oder Schriftzeichen ohne Leerzeichen.

Der Abkürzungspunkt am Satzende schließt den Satzschlusspunkt mit ein.

6.2 Gedankenstrich

Als Gedankenstrich ist der Halbgeviertstrich mit vorausgehendem und folgendem Leerzeichen zu verwenden. Satzzeichen (z. B. Komma, Doppelpunkt) folgen dem zweiten Gedankenstrich ohne Leerzeichen. Statt des Halbgeviertstriches darf auch der Mittestrich verwendet werden.

Art und Ausführung des Schriftstücks – auch einer kurzen Mitteilung – kennzeichnen den Absender.

Ich fürchte – hoffentlich zu Unrecht –, dass ...

Siehe Anhang G

6.3 Anführungszeichen

Anführungszeichen werden ohne Leerzeichen vor und nach den Textteilen, die von ihnen eingeschlossen sind, geschrieben.

Er las die Zeitung "Der Techniker".

Er las die Zeitung „Der Techniker".

6.4 Halbe Anführungszeichen

Halbe Anführungszeichen werden ohne Leerzeichen innerhalb einer Anführung mit dem Apostroph geschrieben.

Der Kunde M. fragt an: „Wann werden die Modelle ‚Wien' und ‚Paris' geliefert?"

6.5 Apostroph (Auslassungszeichen)

Der Apostroph ersetzt ausgelassene Buchstaben.

's war 'n ew'ger Fried' im Land.

Sind's Uhlands oder Claudius' Gedichte?

6.6 Klammern

Klammern werden ohne Leerzeichen vor und nach den Textteilen, die von ihnen eingeschlossen sind, geschrieben.

Gemeinde(amts)vorsteher
Frankfurt (Oder)
a) Vorname

Sieb[en]tens, Zitat: „Die Theateraufführung [gemeint ist die Veranstaltung am 11. April 2001] war sehr beeindruckend."

Die Tasten <Entfernen> und <Einfügen> sind Funktionstasten des Editierbereichs.

7 Schriftzeichen für Wörter

7.1 Allgemeines

Siehe auch 3 und 8

7.2 Zeichen für „Paragraf"

In Verbindung mit darauf folgenden Zahlen:

Nach § 36 BGB wird …

Die §§ 38 bis 44 HGB sind …

§ 6 Abs. 2 Satz 2

Aber: Das Gesetz umfasst 36 Paragrafen.

7.3 Zeichen für „und (et)"

In Firmenbezeichnungen:

Hans Müller & Söhne

7.4 Zeichen für „gegen"

Borussia Dortmund – Bayern München

Die Klage Weber ./. Hartmann

(z. B. in Schriftsätzen bei Rechtsstreitigkeiten)

7.5 Zeichen für „bis"

09:30 – 13:30 Uhr

Aber: von 09:30 bis 13:30 Uhr

3 – 4 EUR

Aber: 3- bis 4-mal

Bei Platzmangel siehe 5, Ausnahme g)
Schreibung von Uhrzeiten siehe 9.5

7.6 Zeichen in Streckenangaben

Hamburg – Hannover – München

7.7 Schrägstrich

60 km/h   100 Einwohner/km^2

Jahreswechsel 2001/2002

7.8 Unterführungszeichen statt Wortwiederholung

Das Unterführungszeichen wird unter den ersten Buchstaben jedes zu unterführenden Wortes geschrieben.

```
Neustadt bei Coburg (Oberfranken)
Rodach    "    "        "
```

```
Berlin-Tegel          Kaffee-Ernte
"       Spandau       Tee-    "
```

```
Lux-Projektor, Modell 7
Rapid-Projektor, Modell I a
Heim- "            "         III b
```

Zahlen sind stets zu wiederholen. Nach dem Summenstrich darf nicht unterführt werden.

```
1 Regal, 30 cm x 80 cm, o. R.      95,00 EUR
1 "       50 "  x 80 "   m. "     125,50 "
                                  220,50 EUR
```

ANMERKUNG   Bei Nutzung von Proportionalschriften und beim Einsatz von Textverarbeitungssoftware ist die Verwendung von Unterführungszeichen in der Regel nicht sinnvoll.

7.9 Zeichen für „geboren" und für „gestorben"

Hans Wolf, * 1932-05-12, + 2000-12-11

7.10 Zeichen für „Nummer(n)"

Zeichen für Nummer(n) werden nur in Verbindung mit darauf folgenden Ziffern bzw. Zahlen geschrieben.

Der Artikel # 687 ist nicht mehr lieferbar.

Die Artikel # 687 und 688 sind ...

8   Rechenzeichen

8.1   Additionszeichen

7 + 12 = 19

8.2   Subtraktionszeichen

19 − 7 = 12   19 − 21 = −2

ANMERKUNG   Die Zeichen + und − werden als Vorzeichen ohne folgendes Leerzeichen geschrieben.

8.3   Multiplikationszeichen

3 . 4 = 12

a · b = ab

4,5 m x 5,2 m = 23,4 m^2

8.4   Divisionszeichen

52 : 4 = 13

8.5   Gleichheitszeichen

19 + 10 = 29

8.6   Zeichen für „kleiner" und „größer"

Einwohnerzahl < 10 000 (kleiner)

a + 10 > 10 (größer)

PLZ ≥ 20000 (größer gleich)

PLZ ≤ 29999 (kleiner gleich)

8.7   Prozent- und Promillezeichen

2 % Skonto   3 1/4 % Zinsen   38%ig

o/oo (mit Kleinbuchstaben o) oder ‰

2 o/oo oder 2 ‰ Maklergebühr

8.8 Bruchstrich

1 / 2   oder   ½   3 / 4   oder   ¾   4 / 2 5   3 5 / 8

Aber: 3 5 / 8

Gemeine Brüche und gemischte Zahlen in Aufstellungen siehe 9.7

Der waagerechte Bruchstrich beginnt mit dem ersten und endet mit dem letzten Schriftzeichen des Bruches.

$$\frac{850 . 6}{25} = 34 . 6 = 204$$

$$\frac{850 \cdot 6}{25} = 34 \cdot 6 = 204$$

Siehe auch 10.5

8.9 Verhältniszeichen

Maßstab 1 : 100 000

Mischungsverhältnis 3 : 5

8.10 Exponenten und Indizes

Siehe 10.4

9   Zahlengliederungen und Zahlenaufstellungen

9.1 Dezimale Teilungen

Dezimale Teilungen werden mit dem Komma gekennzeichnet.

80,67 EUR   80,00 EUR   0,67 €   0,05 €

7,51 m   0,5 m   9,667 kg   0,004 kg

Bei runden Zahlen oder ungefähren Werten darf die Kennzeichnung fehlender dezimaler Teile der Einheit entfallen.

50.000 EUR   20.000.000 € Aktienkapital

über 48.000 EUR Einkommen   40 000 km

Preis: ungefähr 8 EUR

9.2 Gliederung von Zahlen

Zahlen mit mehr als drei Stellen sollten durch je ein Leerzeichen in dreistellige Gruppen gegliedert werden – bei Zahlen mit Komma dreistellig links und rechts des Kommas.

```
46 647 468,25
       0,141 54

103 500 Einwohner

4 024,5 kg
```

Aus Sicherheitsgründen sollten Geldbeträge mit dem Punkt gegliedert werden.

846.647.468,25 EUR

Besondere Zahlengliederungen siehe Anhang A

9.3 Hausnummern

Burgstraße 14 – 15	Burgstraße 14/16
Leipziger Straße 5 a oder	Budapester Straße 15 B
Waldstraße 9 u. 10	
Parkallee 14 // W 182	(Nummer der Wohnung im Haus Nr. 14)

Siehe auch Anmerkung 4 in 14.7.2 und Anhang D

9.4 Kalenderdaten

9.4.1 Numerische Schreibung

Das numerisch angegebene Datum wird in der Reihenfolge Jahr, Monat, Tag mit Mittestrich gegliedert (siehe DIN EN 28601). Tag und Monat werden zweistellig angegeben. Die Schreibung mit zweistelliger Jahreszahl sollte nur angewendet werden, wenn die Interpretation eindeutig ist.

2001-12-04   01-12-04   2001-09-04

ANMERKUNG   Sofern keine Missverständnisse entstehen, darf auch die Schreibung in der Reihenfolge Tag, Monat, Jahr – gegliedert mit dem Punkt – verwendet werden.

04.12.2001   04.09.01

9.4.2 Alphanumerische Schreibung

3. August 2001   3. Aug. 2001

9.5 Uhrzeiten

Bei Angaben der Uhrzeit in Stunden und Minuten oder Stunden, Minuten und Sekunden ist jede Einheit mit zwei Ziffern anzugeben und mit dem Doppelpunkt zu gliedern.

05:30 Uhr   24:00 Uhr   00:05 Uhr

12:04:48 Uhr   8 Uhr

9.6 Besondere Zahlengliederungen

Siehe Anhang A

9.7 Zahlenaufstellungen

Zahlenaufstellungen werden nach dem letzten Schriftzeichen jeder Zahlengruppe ausgerichtet. Dezimalzeichen muss jedoch unter Dezimalzeichen stehen.

```
Sie erhalten Kopien dieser Rechnungen:

      Nr.         Datum            EUR
    95/00       00-02-08        213,00
   944/00       00-10-13         44,08
  1188/00       00-11-03      3.187,14
```

In Aufstellungen mit gemischten Zahlen stehen Einerstellen der ganzen Zahlen und schräge Bruchstriche untereinander.

```
 3   5/6
 4  11/12
12   1/2
```

9.8 Summen

Der Summenstrich wird mit dem Grundstrich ohne Leerzeile oder mit dem Mittestrich nach einer Leerzeile unter die letzte Zahl geschrieben. Wenn der Abschlussstrich benötigt wird, ist er mit dem Doppelstrich eine ganze Zeile unter das Ergebnis zu schreiben.

```
    584,45 €       584,45 €       1.257,45 EUR
    673,00 €       673,00 €    -    673,00 EUR
 ───────────    ----------    --------------
  1.257,45 €    1.257,45 €         584,45 EUR
 ===========                   ==============
```

```
EUR    620,05      620,05 m            1,250
EUR    501,25      501,25 m          321,057
EUR 1.121,30     1 121,30 m            0,003
                 ==========          322,310
```

In Textverarbeitungsprogrammen – insbesondere bei der Verwendung von Proportionalschriften – werden die Striche durch besondere Funktionen der jeweiligen Programme erzeugt, z. B. durch automatisches Unterstreichen, Verwendung von Sonderzeichen oder Grafiklinien, Einsatz von Tabellenfunktionen.

2.000 EUR
3.000 EUR
5.000 EUR

10 Größenangaben und Formeln

10.1 Allgemeines

Für die Schreibung von Maßeinheiten, mathematischen Zeichen, Formeln usw. gelten die gesetzlichen Vorschriften und die DIN-Normen.

In 10.2 bis 10.5 wird nur auf einige Besonderheiten hingewiesen. Sie sind bei der Anfertigung von Schriftsätzen, insbesondere von Manuskripten technisch-wissenschaftlicher Abhandlungen, zu beachten.

10.2 Einheiten und Ähnliches

Einheiten u. Ä. werden mit einem Leerzeichen hinter dem Zahlenwert geschrieben.

$5\ mV$ $10\ m/s$ $10{,}3\ mm^2$

Vorzeichen von Zahlen sind ohne folgendes Leerzeichen zu schreiben. Als Minuszeichen dient der Mittestrich oder der Halbgeviertstrich.

$-20\ °C$

10.3 Allein stehende, hochgestellte Zeichen

Allein stehende, hochgestellte Zeichen folgen dem Zahlenwert ohne Leerzeichen.

$5'$ $14"$ $12°\ 6'\ 10"$ Winkel von $90°$

10.4 Exponenten und Indizes

Exponenten und Indizes werden ohne Leerzeichen an die Basis angefügt.

5^6 5^6 $(a + b)^2$ 10^3 H_2O b_n

10.5 Mathematische Formeln

Die Zeile, auf der sich die Formel aufbaut, ist die Schriftgrundlinie.

$$\cos \alpha = \frac{\sin \frac{n\tau}{2}}{\sin \frac{\tau}{2}} \cdot \frac{\cos \frac{n\tau}{2} + i \cdot \sin \frac{n\tau}{2}}{\cos \frac{\tau}{2} + i \cdot \sin \frac{\tau}{2}}$$

11 Tabellen

11.1 Allgemeines

Eine Tabelle ist eine Darstellung von Informationen in mehreren Spalten und Zeilen. Eine Tabelle besteht in der Regel aus einer Überschrift, einem Tabellenkopf, einer Vorspalte und Feldern *(siehe Bild 1 und Anwendungsbeispiel E.11)*.

Weitergehende Regelungen, speziell für statistische Tabellen, sind der DIN 55301 zu entnehmen.

11.2 Positionierung

Tabellen sollten einschließlich ihres Rahmens innerhalb der Seitenränder stehen.

Tabellen sollten zentriert zwischen den Seitenrändern ausgerichtet werden.

Tabellen sind mit einem angemessenen Abstand – mindestens eine Leerzeile – vom vorangehenden und zum nachfolgenden Text anzuordnen.

Eine Tabelle sollte vollständig auf einer Seite stehen. Ist dies nicht möglich, muss der Tabellenkopf auf der Folgeseite wiederholt werden.

11.3 Überschrift

Jede Tabelle hat eine Überschrift. Sie darf auch in den Tabellenkopf integriert werden. Auf die Überschrift darf verzichtet werden, wenn der Inhalt der Tabelle aus dem vorangehenden Text hervorgeht.

11.4 Tabellenkopf und Vorspalte

Der Tabellenkopf enthält alle Spaltenbezeichnungen und bei Bedarf eine Kopfbezeichnung. Die Vorspalte einer Tabelle enthält die Vorspaltenbezeichnung und alle Zeilenbezeichnungen.

Tabellenköpfe sind durch waagerechte und senkrechte Trennungslinien übersichtlich zu gliedern (in der Regel Linien gleicher Breite).

Die Spaltenbeschriftungen im Tabellenkopf sollten zentriert werden. Die Vorspalte sollte linksbündig beschriftet werden. Bei statistischen Tabellen sollten die Einheiten Teil der Spaltenbezeichnung sein.

Zeitangaben sollten im Tabellenkopf von links nach rechts bzw. in der Vorspalte von oben nach unten aufgeführt werden.

11.5 Felder

Felder werden mit einem Mindestabstand von 1 mm zur senkrechten Linie beschriftet. Zwischen Text- und Feldbegrenzung sollte oben und unten ein gleichmäßiger Zeilenabstand festgelegt werden.

Texte in Feldern sollten linksbündig, Zahlen in Feldern rechtsbündig ausgerichtet werden. Ausnahme: Bei einer unterschiedlichen Anzahl von Stellen hinter dem Komma sind die Zahlen dezimalstellengerecht auszurichten (Beispiel: Umrechnungsfaktoren für den Euro).

Tabellen sind durch waagerechte und senkrechte Linien übersichtlich zu gliedern; dabei sollten waagerechte Linien nur über Summenzeilen und zur Gruppierung verwendet werden. Zur besseren Lesbarkeit (auch zur optischen Trennung von Zeilen) dürfen andere Formatierungsmöglichkeiten, z. B. Hintergrundschattierungen, eingesetzt werden.

Serifenschriften, z. B. Times New Roman, sollten in statistischen Tabellen vermieden werden, weil sie hier nicht so gut lesbar sind.

Überschrift

Kopfbezeichnung		Gemeinsame Spaltenbezeichnung			⇐ Tabellenkopf
Vorspalten-bezeichnung	Spaltenbezeichnung	Spaltenbezeichnung	Spaltenbezeichnung		
Zeilenbezeichnung		Feld bzw. Zelle *oder nach DIN 55301: Fach*			⇐ Zeile
Zeilenbezeichnung					
Zeilenbezeichnung					
Insgesamt		Summenzeile *(nicht immer vorhanden)*			

Vorspalte ⇑   Spalte ⇑

Bild 1 — Bestandteile einer Tabelle

12 Gliederung und Kennzeichnung von Texten

12.1 Allgemeines

Texte werden, wenn es nach ihrem Umfang und Inhalt zweckmäßig ist, in Absätze, Aufzählungen und Abschnitte gegliedert. Bei Bedarf werden diese durch Ziffern, Buchstaben, Mittestriche, Punkte oder Ähnliches gekennzeichnet. Nach den Gliederungszeichen folgt ein Abstand von mindestens einem Leerzeichen, nach Abschnittsnummern von mindestens zwei Leerzeichen.

Es werden einige in der Praxis häufig verwendete Gliederungen gezeigt. Weitere Gliederungsmöglichkeiten siehe auch DIN 1421.

12.2 Absätze

Absätze sind vom folgenden Text jeweils durch eine Leerzeile zu trennen.

Sowohl in der betriebswirtschaftlichen Literatur als auch in der Praxis ...

Ist die organisatorische Tätigkeit, also das Erfüllen von Arbeitsaufgaben gemeint, so wird hierfür der Begriff ...

Organisation ist als Ergebnis des Organisierens zu verstehen. Grundsätzlich ...

12.3 Aufzählungen

Beginn und Ende der Aufzählungen sind vom übrigen Text durch eine Leerzeile zu trennen.

Mit Wirkung vom 1. August 2001 beträgt die Mindesthöhe der Versicherungssumme für

1. Personenschäden 1.000.000 EUR,
2. Sachschäden 500.000 EUR,
3. Vermögensschäden 50.000 EUR.

Berücksichtigen Sie dies, wenn Sie unser Angebot nochmals prüfen ...

Die einzelnen Aufzählungsglieder dürfen auch durch Leerzeilen getrennt werden, insbesondere wenn sie mehrzeilig sind.

Ich darf Sie besonders auf unsere Erfolgsreihen hinweisen:

– Lexika für den täglichen Gebrauch, z. B. Fremdwörterlexikon, Gesundheitslexikon, Länderlexikon, Lexikon der Abkürzungen

– Bücher für den Urlaub, z. B. Reisen nach Amerika, Reisen nach Afrika, Reisen nach Asien, Reisen nach Australien

Damit haben Sie die Möglichkeit, ...

Aufzählungszeichen aus einem Textverarbeitungsprogramm dürfen angewendet werden.

Als Basisversorgung empfehlen wir Ihnen folgenden Versicherungsschutz:

• Haftpflicht-Versicherung mit einer Deckungssumme von mindestens 3 Mio. €

• Unfall-Versicherung mit Schwerpunkt auf Invalidität (auch für Ihre Kinder)

• Gebäude- und Hausratversicherung mit angemessener Versicherungssumme

Aufzählungen können auch mehrstufig sein.

Aus meinem umfassenden Angebot kann ich Ihnen Markengeräte nach Maß anbieten:

1. Pumpen für Haus, Garten und Gewerbe

    a) Spezialpumpen
    b) Umwälzpumpen
    c) Unterwasserpumpen

2. Schwimmbecken

    a) Rund- oder Langbecken
    b) Fertigbecken

Die Leistungsfähigkeit und Lebensdauer ...

12.4 Abschnitte

Abschnitt nach DIN 1421 ist ein Teil eines Textes, der durch Gliederung eines Textes entsteht und durch eine Abschnittsnummer und/oder eine Abschnittsüberschrift gekennzeichnet ist.

Abschnittsüberschriften sind durch je eine Leerzeile vom vorhergehenden Text und vom folgenden Text abzusetzen; ein- oder mehrstufige Abschnittsnummern erhalten am Ende keinen Punkt. Der Abschnittsnummer folgt der Abstand von mindestens zwei Leerzeichen; in mehrzeiligen Abschnittsüberschriften beginnen Folgezeilen an der neuen Fluchtlinie.

Die Abschnittsnummern und die Texte der Abschnitte beginnen an derselben Fluchtlinie.

2.2 Gliederungsbestandteile

... enthält eine kurze Darstellung der Bestandteile der Gliederung und der Bestandteile der Anschrift.

2.2.1 Texte übersichtlich gliedern und darstellen

Der gedankliche (innere) Aufbau eines Textes kommt erst dann zur vollen Wirkung, wenn er auch durch die äußere Gestaltung für den Leser sofort sichtbar wird. Umgekehrt ...

Eine Gliederung in Abschnitte ist dabei ein wichtiges Instrument. Die Abschnitte selbst werden durch Absätze und manchmal auch durch Aufzählungen lesbar gestaltet ...

12.5   Inhaltsverzeichnisse und Übersichten

Alle Abschnittsnummern beginnen an derselben Fluchtlinie. Die Abschnittsüberschriften – auch mehrzeilige – beginnen an einer weiteren Fluchtlinie. Nach Abschnittsnummern folgt der Abstand von mindestens zwei Leerzeichen.

Inhalt

1   Einführung in das Gebiet der Organisation

2   Grundbegriffe
2.1   Begriffe, Organisation, Büro und
      Verwaltung
2.2   Organisation des Geschehens in
      Produktion und Verwaltung
2.3   Arbeitssystem
2.4   Umfang des Organisierens
2.4.1 Art und Gegenstand organisatorischer
      Tätigkeit
2.4.2 Aufgaben und Durchführung

3   Ideenfindung
3.1   Grundlagen
3.2   Kreativität

13   Hervorhebungen

13.1   Allgemeines

Hervorgehoben wird z. B. durch

Einrücken, Unterstreichen, Zentrieren, Anführungszeichen, Wechsel der Schrift-
art, Wechsel der Schriftgröße, Fettschrift, Kursivschrift, Großbuchstaben und
Farben. Verschiedene Hervorhebungsarten dürfen kombiniert werden.

Satzzeichen innerhalb und am Ende einer Hervorhebung werden einbezogen.

13.2   Einrücken und Zentrieren

Eingerückte und zentrierte Textteile werden vom vorausgehenden und vom folgenden Text durch je eine Leerzeile abgesetzt.

*Zeilenanfang und -ende der Einrückung siehe Anhang B und Anwendungsbei-
spiele E.1 bis E.3 und E.5*

13.3   Unterstreichen

Das Unterstreichen beginnt unter dem ersten und endet unter dem letzten
Schriftzeichen des hervorzuhebenden Teils.

Wir erheben keinen Widerspruch.

Wir erheben keinen Widerspruch.

Wir erheben keinen Widerspruch, weil ...

Die "DIN-Mitteilungen" berichten über ...

13.4 Fettschrift

Wir erheben **keinen Widerspruch,** weil ...

14 Beschriften von Briefblättern

14.1 Allgemeines

Die Verwendung genormter Vordrucke wird vorausgesetzt. Für andere Formate, einen anderen Aufdruck und Blätter ohne Aufdruck sind die folgenden Abschnitte sinngemäß anzuwenden.

Siehe Anhang E

14.2 Schriftarten, -größen und -stile

Wegen der besseren Lesbarkeit sind in fortlaufendem Text zu kleine Schriftgrößen (unter 10 Punkt) und ausgefallene Schriftarten (z. B. Schreibschrift) und Schriftstile (z. B. Kapitälchen) zu vermeiden.

14.3 Zeilenanfang und Zeilenende

Siehe Anhang B und Anhang G

14.4 Zeilenpositionen von der oberen Blattkante

Siehe Anhang C

14.5 Zeilenabstand

Es wird mit Zeilenabstand 1 (einzeilig) geschrieben. Schriftstücke besonderer Art (Berichte, Gutachten u. Ä.) dürfen mit größerem Zeilenabstand geschrieben werden.

14.6 Absenderangabe

Für Vordrucke ist die Position der Absenderangabe in DIN 676 geregelt. Für Briefblätter A4 ohne Aufdruck gilt: Die Absenderangabe beginnt in der fünften Zeile bzw. nach 16,9 mm von der oberen Blattkante. Bei der Gesamthöhe der Absenderangabe ist die Position des Anschriftfeldes zu berücksichtigen *(siehe Anwendungsbeispiele E.7 und E.8)*.

Zur Absenderangabe gehören der Name, die Straße oder das Postfach, der Ort, im internationalen Schriftverkehr auch das Land. Diese Angaben werden nicht durch Leerzeilen getrennt.

Frank Baumann
Sonnenweg 13
51465 Bergisch Gladbach
Deutschland

Kommunikationsangaben (z. B. Telefon, Mobil, Telefax, E-Mail) dürfen in der Absenderangabe ergänzt werden oder stehen in einem Informationsblock *(siehe 14.8)*.

14.7 Anschriftfeld

Anschriften werden im Anschriftfeld aller Schriftstücke und auf Briefhüllen in gleicher Anordnung geschrieben. Satzzeichen innerhalb einer Anschriftzeile werden geschrieben, jedoch nicht am Zeilenende. Ortsnamen werden nicht hervorgehoben *(Ausnahme siehe 14.7.3)*.

Im Anschriftfeld sind außer der Anschrift des Empfängers auch weitere Bestandteile der postalischen Aufschrift zu vermerken *(siehe Anhang D)*.

Für die Verteilung der Zeilen im Anschriftfeld siehe Anhang D

14.7.1 Zeilenanfang und Zeilenende

Siehe Anhang B und Anhang G

14.7.2 Inlandsanschriften

Zur postalischen Aufschrift gehören:

– postalische Vermerke *(siehe Anhang D)*

– die Anschrift

In das Anschriftfeld dürfen auch Ordnungsbezeichnungen des Absenders aufgenommen werden *(siehe Anhang D, Beispiele o und p)*.

Die Angaben im Anschriftfeld werden auf folgende Weise gegliedert (Punkt bedeutet Leerzeile):

a) Postalische Vermerke
   •
b) Empfängerbezeichnung
c) Postfach mit Nummer (Abholangabe) oder
   Straße und Hausnummer (Zustellangabe)
   •
d) Postleitzahl und Bestimmungsort

ANMERKUNG 1   Damit sich postalische Vermerke (z. B. Übergabe-Einschreiben, Postzustellungsurkunde) von den übrigen Teilen der Anschrift abheben, sind diese in den ersten beiden Zeilen des Anschriftfeldes anzugeben *(siehe Anhang D, Beispiele c, l, m, n und p)*.

DIN 5008:2001-11

ANMERKUNG 2   Bei Großempfängeranschriften sollten weder Postfach noch Straße und Hausnummer angegeben werden *(siehe Anhang D, Beispiel m)*.

ANMERKUNG 3   Ortsteilnamen dürfen in einer besonderen Zeile oberhalb der Zustell- oder Abholangabe ohne Postleitzahl vermerkt werden, nicht aber als Zusatz zum Bestimmungsort *(siehe Anhang D, Beispiel k)*.

ANMERKUNG 4   Bei der Zustellangabe dürfen zusätzlich der Gebäudeteil, das Stockwerk oder die Wohnungsnummer, abgetrennt durch zwei Schrägstriche, angegeben werden. Vor und nach den zwei Schrägstrichen ist jeweils ein Leerzeichen einzugeben *(siehe Anhang D, Beispiel n)*.

ANMERKUNG 5   In Anpassung an internationale Schreibungen und im Hinblick auf die Möglichkeit der PC-Frankierung kann – gemäß Deutscher Post AG – auf Leerzeilen innerhalb des Anschriftfeldes verzichtet werden.

Siehe Anhang G

14.7.3   Auslandsanschriften

Auslandsanschriften müssen in lateinischer Schrift und arabischen Ziffern, Bestimmungsort und Bestimmungsland mit Großbuchstaben geschrieben werden. Die Anordnung der Bestandteile der Anschrift und deren Schreibung sind – wenn möglich – der Absenderangabe des Partners zu entnehmen. Der Bestimmungsort ist nach Möglichkeit in der Sprache des Bestimmungslandes anzugeben (z. B. LIEGE statt Lüttich, FIRENZE statt Florenz, BUCURESTI statt Bukarest, THESSALONIKI statt Saloniki); die Angabe des Bestimmungslandes steht in deutscher Sprache in der letzten Zeile der Anschrift *(siehe Anhang D, Beispiele q und r)*.

14.7.4   Hervorhebungen

Postalische Vermerke werden hervorgehoben, wenn sie wegen Platzmangels nicht durch eine Leerzeile abgesetzt werden können.

Siehe Anhang D, Beispiel p

14.7.5   Empfängerbezeichnungen

Empfängerbezeichnungen werden sinngemäß in Zeilen aufgeteilt.

Berufs- oder Amtsbezeichnungen (z. B. Direktor, Rechtsanwalt, Professor) werden neben „Frau" oder „Herrn" geschrieben.

Siehe Anhang D, Beispiele c, e und n

Akademische Grade (z. B. Dr., Dipl.-Ing., Prof. – bei Habilitation) stehen unmittelbar vor dem Namen.

Siehe Anhang D, Beispiele d, n und o

Bei Untermietern muss der Name des Wohnungsinhabers unter den Namen des Empfängers geschrieben werden.

Siehe Anhang D, Beispiel p

Einzelunternehmen erhalten den Zusatz e. K. (eingetragene Kauffrau, eingetragener Kaufmann) bzw. e. Kfr. oder e. Kfm. (eingetragene Kauffrau, eingetragener Kaufmann).

Siehe Anhang D, Beispiele f und k

14.7.6 Musteranschriften

Siehe Anhang D

14.8 Bezugszeichen, Name, Durchwahlmöglichkeiten und Datum

Bezugszeichen, Name, Durchwahlmöglichkeiten und Datum (Ausfertigungsdatum des Briefes) werden eine Zeile unter die vorgedruckten Leitwörter der Bezugszeichenzeile geschrieben, falls erforderlich in zwei Zeilen. Das erste Schriftzeichen steht unter dem Anfangsbuchstaben des jeweils ersten Leitwortes. Mehrere Bezugsangaben zu einem Leitwort dürfen durch ein Komma getrennt werden.

Siehe Anwendungsbeispiele E.1 und E.2

Zusätzliche Kommunikationsangaben stehen in einer Kommunikationszeile. Die Kommunikationszeile steht rechts neben dem Feld für die Anschrift des Empfängers, beginnend in Höhe der letzten Zeile des Anschriftfeldes *(siehe Anwendungsbeispiel E.2)*.

Sofern keine vorgedruckten Leitwörter im Briefblatt vorgesehen sind oder mehr als zwei Angaben in der Kommunikationszeile erforderlich sind, dürfen diese Angaben alternativ in einem Informationsblock rechts neben dem Feld für die Anschrift des Empfängers, beginnend in Höhe der ersten Zeile des Anschriftfeldes, geschrieben werden. Bei den Leitwörtern „Ihr Zeichen", „Ihre Nachricht vom", „Unser Zeichen", „Unsere Nachricht vom", „Name", „Telefon", „Telefax", „E-Mail" und „Datum" ist die angegebene Reihenfolge einzuhalten. Zwischen den Bezugszeichen und dem Leitwort „Name" sowie den Durchwahlmöglichkeiten und dem Leitwort „Datum" ist je eine Leerzeile erforderlich *(siehe Anwendungsbeispiele E.4, E.5, E.6 und E.8)*.

Zeilenanfang und -ende siehe Anhang B

Leitwörter dürfen im Briefblatt ergänzt, weggelassen oder verändert werden (z. B. Steuernummer, Aktenzeichen, Zimmer, Bearbeiter).

Der Informationsblock darf auch für das Briefblatt A4 ohne Aufdruck verwendet werden.

Siehe Anwendungsbeispiel E.8

Für Leitwörter in Bezugszeichenzeile, Kommunikationszeile und Informationsblock darf auch eine kleinere Schriftgröße gewählt werden, mindestens aber 6 Punkt.

Siehe Anwendungsbeispiel E.5

14.9 Betreff und Teilbetreff

Betreff und Teilbetreff sind stichwortartige Inhaltsangaben. Der Betreff bezieht sich auf den ganzen Brief, der Teilbetreff auf Briefteile.

14.9.1 Wortlaut des Betreffs

Der Wortlaut des Betreffs ist nach zwei Leerzeilen nach den Bezugszeichen oder dem Informationsblock zu schreiben. Er wird ohne Schlusspunkt geschrieben, beginnt an der Fluchtlinie, wird bei längerem Text sinngemäß auf mehrere Zeilen verteilt und darf durch Fettschrift und/oder Farbe hervorgehoben werden.

Nach dem Wortlaut des Betreffs folgen zwei Leerzeilen.

Siehe Anwendungsbeispiele E.1 bis E.8

14.9.2 Teilbetreff

Der Teilbetreff beginnt an der Fluchtlinie, schließt mit einem Punkt und wird durch Fettschrift und/oder Farbe hervorgehoben. Der Text wird unmittelbar angefügt.

Siehe Anwendungsbeispiel E.4

14.10 Anrede

Die Anrede beginnt an der Fluchtlinie und wird durch eine Leerzeile vom folgenden Text getrennt.

Siehe Anwendungsbeispiele E.1 bis E.10

14.11 Text

Der Text wird, wenn Absätze erforderlich sind, durch je eine Leerzeile gegliedert.

14.12 Gruß

Der Gruß wird vom Text durch eine Leerzeile abgesetzt.

Zeilenanfang siehe Anhang B

14.13 Bezeichnung des Unternehmens bzw. der Behörde

Die Bezeichnung des Unternehmens, der Behörde usw. wird mit einer Leerzeile vom Gruß abgesetzt und sollte bei Bedarf auf mehrere Zeilen verteilt werden.

Zeilenanfang siehe Anhang B

14.14 Maschinenschriftliche Angabe der Unterzeichner

Die maschinenschriftliche Namenswiedergabe der Unterzeichner sollte innerbe-trieblich geregelt werden. Die Anzahl der Leerzeilen vor dieser Wiederholung richtet sich nach der Notwendigkeit.

Siehe Anwendungsbeispiele E.1 bis E.6

14.15 Zusätze

Zusätze (zum Beispiel i. A., i. V., ppa.) stehen zwischen der Bezeichnung des Unternehmens und der maschinenschriftlichen Namenswiedergabe oder vor der Namenswiedergabe in derselben Zeile.

Siehe Anwendungsbeispiele E.1, E.2 und E.4

Für Behörden siehe 14.17 und Anwendungsbeispiele E.5 und E.6

14.16 Anlagen- und Verteilvermerke

Die Wörter „Anlage(n)" und „Verteiler" dürfen durch Fettschrift hervorgehoben werden.

Siehe Anhang B und Anwendungsbeispiele E.2, E.4 und E.7

14.16.1 Anlagenvermerk

Der Mindestabstand des Anlagenvermerks vom Gruß oder von der Firmenbe-zeichnung sollte drei Leerzeilen betragen. Bei maschinenschriftlicher Angabe der Unterzeichner folgt der Anlagenvermerk nach einer Leerzeile. Falls mit dem Anlagenvermerk bei 125,7 mm von der linken Blattkante oder auf Grad 50 bzw. 60 begonnen wird, ist dieser mit einer Leerzeile Abstand vom Text zu schrei-ben.

14.16.2 Verteilvermerk

Für den Abstand des Verteilvermerks von der vorhergehenden Beschriftung gel-ten die Angaben in 14.16.1. Der Verteilvermerk folgt dem Anlagenvermerk nach einer Leerzeile; sie darf bei Platzmangel entfallen.

Siehe Anwendungsbeispiel E.2

14.17 Beglaubigungsvermerk bei Behörden

Wird der Behördenbrief nicht eigenhändig unterzeichnet, schließt er in der Re-gel mit einem Beglaubigungsvermerk ab.

Der Briefabschluss besteht dann aus dem Gruß, einem Zusatz (z. B. im Auf-trag), dem Namen des Bearbeiters, eventuell seiner Amtsbezeichnung, gegebe-nenfalls dem Anlagen- und Verteilvermerk nach 14.16, dem Wort „Beglaubigt", dem Namen des Beglaubigenden und seiner Amtsbezeichnung.

Alle Bestandteile des Briefabschlusses werden an der Fluchtlinie angeordnet. Anlagen- und Verteilvermerk sowie der Beglaubigungsvermerk können auch bei 125,7 mm von der linken Blattkante oder auf Grad 50 bzw. 60 begonnen werden – in Höhe der Grußzeile.

Siehe Anwendungsbeispiel E.6

14.18 Seitennummerierung

Die Seiten eines Briefes sind von der zweiten Seite an oben fortlaufend zu nummerieren.

Auf Blättern ohne Aufdruck sollte die Seitennummerierung (z. B. – 3 –) mit dem Halbgeviertstrich/Mittestrich auf der fünften Zeile bei 100,3 mm vom linken Blattrand bzw. Grad 40 (48) beginnen oder zentriert gesetzt werden.

Bei Textverarbeitungssystemen ist es zulässig, die Seiten mit „Seite ... von ..." zu kennzeichnen, beginnend bei Seite 1, und diese Kennzeichnung bevorzugt am rechten Rand enden zu lassen. Dann entfällt der Hinweis auf Folgeseiten *(siehe 14.19).*

Seitenkennzeichnung und Text werden durch mindestens eine Leerzeile getrennt.

Siehe Anwendungsbeispiel E.4

14.19 Hinweis auf Folgeseiten

Am Fuß der beschrifteten Seite darf am rechten Rand durch drei Punkte ... auf eine Folgeseite hingewiesen werden. Der Abstand zwischen Textende und den drei Punkten beträgt mindestens eine Leerzeile.

Siehe Anwendungsbeispiel E.4

15 E-Mail

15.1 Allgemeines

Die Regelungen zu E-Mails beziehen sich nur auf die Verwendung als Geschäftsbriefersatz (nicht auf rein unternehmensinterne Mitteilungen).

Beim Übermitteln von E-Mails ist auf die technischen Gegebenheiten des Empfängers Rücksicht zu nehmen – insbesondere beim Nachrichtenformat, bei der Codierung, bei der Verschlüsselung, bei den verwendeten Schriften und den Dateiformaten der Anlagen.

Anschrift, Verteiler und Betreff sind vorgegebene Zeilen eines E-Mail-Kopfes.

Siehe Anwendungsbeispiele E.9 und E.10

15.2 Zeilenabstand und Gliederung

Es wird mit Zeilenabstand 1 (einzeilig) geschrieben.

15.3 Anschrift

Zum Versenden einer E-Mail ist eine eindeutige E-Mail-Adresse zu verwenden, die sich nach den Vorgaben des jeweiligen Anbieters gestaltet. E-Mail-Adressen sind häufig in folgender Form aufgebaut:

Empfaengerbezeichnung@Anbieter.de

Bei Verwendung persönlicher Namen häufig:

Vorname.Name@Anbieter.de

Beispiele:

frank.baumann@t-online.de

service@webshop.com

15.4 Verteiler

Als Verteiler werden bei E-Mails in das elektronische Verteilerfeld weitere E-Mail-Adressen eingetragen – in der Form nach 15.3.

15.5 Betreff

Der Betreff ist als stichwortartige Inhaltsangabe im vorgesehenen Feld des E-Mail-Kopfes auszufüllen. Da der Betreff für die Bearbeitung und die Verwaltung von E-Mails eine zentrale Bedeutung hat, ist diese Angabe zwingend erforderlich.

15.6 Anrede

Bei E-Mails als Ersatz für Geschäftsbriefe ist die Anrede fester Bestandteil. Die Anrede beginnt an der Fluchtlinie und wird durch eine Leerzeile vom folgenden Text getrennt.

15.7 Text

Der Text ist als Fließtext ohne Worttrennungen zu erfassen, weil der Umbruch durch die Software des Empfängers gesteuert und der jeweiligen Fenstergröße angepasst wird.

Absätze sind jeweils vom folgenden Text durch eine Leerzeile zu trennen. Zur weiteren Gliederung und Kennzeichnung von E-Mail-Texten sind die Regeln des Abschnittes 12 zu berücksichtigen.

15.8 Abschluss

Der Abschluss wird einer E-Mail in der Regel als elektronischer Textbaustein zugesteuert. Er enthält den Gruß sowie Kommunikations- und Firmenangaben. Zwingend sollte er auch die E-Mail- und/oder Internet-Adresse enthalten.

Freundliche Grüße

Sendler GmbH

Otto Winter

Telefon: +49 221 166-7079
Fax: +49 221 166-7080
E-Mail: otto.winter@sendler.de
Internet: http://www.sendler.de

Siehe Anwendungsbeispiele E.9 und E.10

15.9 Elektronische Signatur bzw. Verschlüsselung

Entscheidend für die Sicherheit beim elektronischen Datenaustausch ist zum einen die Nachweisbarkeit der Identität des Kommunikationspartners und die Integrität der Daten, zum anderen die Vertraulichkeit wichtiger Informationen.

Da E-Mails eher einer Postkarte als einem Brief entsprechen, sollten wichtige Mitteilungen durch digitale Signatur und/oder verschlüsseltes Übertragen gegen unberechtigtes Lesen und Veränderungen geschützt werden.

Siehe Anwendungsbeispiel E.10

16 Fußnoten

Fußnoten-Hinweiszeichen sind hochgestellte Zahlen aus arabischen Ziffern. Bei mehrseitigen Texten sind die Fußnoten über alle Seiten hinweg fortlaufend zu nummerieren. Bei höchstens drei Fußnoten dürfen auch Sonderzeichen (z. B. Sterne) verwendet werden.

Die entsprechenden Fußnoten werden jeweils unten auf die Seite geschrieben, auf der im Text auf sie hingewiesen ist. Sie werden mit dem Fußnotenstrich (bei Schreibmaschinen 10 Grundstriche) vom Text abgegrenzt, mit dem einfachen Grundzeilenabstand wie Absätze geschrieben und mit dem entsprechenden Fußnoten-Hinweiszeichen gekennzeichnet.

Vor dem Fußnotenstrich muss mindestens eine Leerzeile stehen. Auch bei nicht mit Text gefüllten Seiten werden Fußnotenstrich und Fußnoten am Fuß der Seite geschrieben.

Die Absatzlage wird sich in diesem Jahr verbessern. Die Lager werden aufgefüllt und die Exporte steigen vermutlich etwas an. Kritische Stimmen[1] warnen vor längeren Lieferfristen.

---

[1] Marktanalyse der Fachzeitschrift „Der Computermarkt"

17   Briefhüllen

Gliederung der automationsgerechten Aufschriftseite einer Standardbriefsen-
dung
Siehe Anhang F

18   Korrekturen

Bei Korrekturen sind die Korrekturzeichen nach DIN 16511 zu verwenden.

Anhang A
(normativ)

Besondere Zahlengliederungen

Tabelle A.1

Lfd. Nr.	Benennung und Bestandteile; Hinweise	Beispiele
1	**Telefonnummer und Telefaxnummer**	
	Telefon- und Telefaxnummern werden funktionsbezogen durch je ein Leerzeichen gegliedert (Anbieter, Landesvorwahl, Ortsnetzkennzahl, Einzelanschluss bzw. Durchwahlnummer). Vor der Durchwahlnummer steht ein Mittestrich.	
	Zur besseren Lesbarkeit dürfen funktionsbezogen Teile von Telefon- und Telefaxnummern durch Fettschrift oder Farbe hervorgehoben werden.	
1.1	**Telefonnummer**	
1.1.1	Einzelanschluss ohne Durchwahl	123, 1532, 654321, 06068 8765 0172 3701458
1.1.2	Durchwahlanlage	
	– Zentrale Abfragestelle	01234 123-0 06251 543-1 01234 810-01
	– Durchwahlanschluss	01234 123-6789 06251 **2543**-693
1.1.3	Sondernummern	
	Wird in Sondernummern nach der Nummer des Anbieters eine Ziffer für die Gebührenzählung angegeben, bleibt davor und dahinter ein Leerzeichen.	0180 2 55678 0190 3 56789 0800 67890
		0800 notfon d
		0800 telekom
1.1.4	International*	+49 6251 89-0
1.2	**Telefaxnummer (Telefax, Fax oder Tfx)**	
1.2.1	Einzelanschluss	030 987684
1.2.2	Durchwahlanschluss	03984 47-1174
1.2.3	International*	+49 30 26011231

Tabelle A.1 *(fortgesetzt)*

Lfd. Nr.	Benennung und Bestandteile; Hinweise	Beispiele
2	**Telexnummer (Telex oder Tx)**	
	Ziffernteil ungegliedert, danach Buchstabenteil und Kennzeichen	
2.1	Einzelanschluss	`831573 bmi d`
2.2	Durchwahlanlage	
	– Zentraler Empfangsplatz	`92371-0 bpm d`
	– Durchwahlanschluss	`92371-31 bpm d`
3	**Postfachnummer**	

	von rechts beginnend zweistellig gegliedert	`1 23`
		`30 14`
		`42 31 86`

4	**Postleitzahl**	

	fünfstellig ohne Leerzeichen	`08496 Schönbach`
		
		`19050 Schwerin`
		
		`60433 Frankfurt`

5	**Bankleitzahl**	
	national (BLZ)	
	von links nach rechts beginnend zweimal Dreiergruppe, einmal Zweiergruppe	`BLZ 370 400 44` `BLZ 250 800 20`
	international (IBAN)**	
	von links nach rechts beginnend fünfmal Vierergruppe, einmal Zweiergruppe	`IBAN DE89 3704 0044 0532 0130 00` `IBAN DE32 2508 0020 0113 0900 00`

* Die länderbezogene Zusatznummer sollte durch das Zeichen + vor der Landesvorwahl dargestellt werden (z. B. statt 0049 besser +49).

** Nach ISO 13616 und EBS 204, IBAN = International Bank Account Number

Anhang B
(normativ)

Angaben für Zeilenanfang und Zeilenende

Tabelle B.1 — Millimeterangaben für Zeilenanfang und Zeilenende

Benennung	Zeilenanfang für alle Schriftarten in Millimeter		Maximales Zeilenende* für alle Schriftarten in Millimeter		
	von der linken Blattkante**	vom linken Rand**	von der linken Blattkante**	vom linken Rand**	von der rechten Blattkante**
Empfängeranschrift	24,1	0,0	100,3	76,2	109,7
Absenderangabe	24,1	0,0	100,3	76,2	109,7
Kommunikations-zeile bzw. Informationsblock	125,7	101,6	201,9	177,8	8,1
Bezugszeichen-zeile:***					
Erstes Leitwort	24,1	0,0			
Zweites Leitwort	74,9	50,8			
Drittes Leitwort	125,7	101,6			
Viertes Leitwort	176,5	152,4	201,9	177,8	8,1
Text	24,1	0,0	201,9	177,8	8,1
Gruß und/oder Firmenbezeichnung	24,1	0,0			
Anlagen- und Verteilvermerke	24,1 oder 125,7	0,0 oder 101,6	201,9	177,8	8,1
Einrückung	49,5	25,4	201,9	177,8	8,1

* Im Textbereich sollte das Zeilenende wenigstens bei 163,8 mm von der linken Blattkante oder 139,7 mm vom linken Rand liegen (= 46,2 mm von der rechten Blattkante).

** Werden die Geschäftsvordrucke mit einem Textverarbeitungsprogramm erstellt, können die Millimeterangaben gerundet werden. Dabei wird allerdings der einheitliche Millimeterraster geringfügig verlassen.

*** Siehe DIN 676. Die maximalen Zeilenenden für die ersten drei Leitwörter werden durch den Anfang des jeweils folgenden Leitwortes bestimmt.

Tabelle B.2 — Gradangaben für Zeilenanfang und Zeilenende

Benennung	Zeilenanfang auf Grad		Maximales Zeilenende* auf Grad	
	Pica 10er	Elite 12er	Pica 10er	Elite 12er
Empfängeranschrift	10	12	39	47
Absenderangabe	10	12	39	47
Kommunikationszeile bzw. Informationsblock	50	60	79	94
Bezugszeichenzeile:**				
Erstes Leitwort	10	12		
Zweites Leitwort	30	36		
Drittes Leitwort	50	60		
Viertes Leitwort	70	84	79	94
Text	10	12	79	94
Gruß und/oder Firmenbezeichnung	10	12		
Anlagen- und Verteilvermerke	10 oder 50	12 oder 60	79	94
Einrückung	20	24	79	94

*   Im Textbereich soll das Zeilenende wenigstens auf Grad 64 (bei 12er-Teilung auf Grad 78) liegen.

** Siehe DIN 676. Die maximalen Zeilenenden für die ersten drei Leitwörter werden durch den Anfang des jeweils folgenden Leitwortes bestimmt.

Anhang C
(informativ)

Angaben für Zeilenpositionen von der oberen Blattkante
(abgeleitet aus DIN 676)

Tabelle C.1 — Millimeter- und Zeilenangaben für Zeilenpositionen von der oberen Blattkante

Benennung	Briefblatt Form A		Briefblatt Form B	
	Zeilenanfang für alle Schriftarten in Millimeter von der oberen Blattkante*	Zeilenanfang von der oberen Blattkante auf Zeile **	Zeilenanfang für alle Schriftarten in Millimeter von der oberen Blattkante*	Zeilenanfang von der oberen Blattkante auf Zeile **
Erste Absenderzeile bei Briefblättern ohne Aufdruck	16,9	5	16,9	5
Erste Anschriftzeile	33,9	9	50,8	13
Erste Zeile des Informationsblocks	33,9	9	50,8	13
Leitwörter Kommunikationszeile	63,5	16	80,4	20
Text Kommunikationszeile	67,7	17	84,7	21
Leitwörter Bezugszeichenzeile	80,4	20	97,4	24
Text Bezugszeichenzeile	84,7	21	101,6	25
Betreff (bei einer vorausgehenden Bezugszeichenzeile)	97,4	24	114,3	28

* Millimeterangaben bis zur oberen Zeilenkante unter Zugrundelegung einer Zeilenhöhe von 4,23 mm. Werden die Geschäftsvordrucke mit einem Textverarbeitungsprogramm erstellt, können die Millimeterangaben gerundet werden. Dabei wird allerdings der einheitliche Millimeterraster geringfügig verlassen.

** Bei Berechnung ab 1. Textzeile sind alle Werte dieser Spalte um 4 Zeilen zu reduzieren.

Anhang D
(informativ)

Musteranschriften

Die Ziffern 1 bis 9 vor dem Zeilenanfang zeigen die jeweilige Position der Anschrift im neunzeiligen Anschriftfeld an (siehe DIN 676).

```
a)  1
    2
    3 Frau
    4 Annemarie Hartmann
    5 Vogelsangstraße 17
    6
    7 27755 Delmenhorst
    8
    9


b)  1
    2
    3 Frau Luise Weber
    4 Herrn Max Lieber
    5 Rosenstraße 35
    6
    7 71034 Böblingen
    8
    9


c)  1 Postzustellungsurkunde
    2
    3 Herrn Direktor
    4 Dipl.-Kfm. Kurt Gräser
    5 Massivbau AG
    6 Postfach 10 11 81
    7
    8 42011 Wuppertal
    9


d)  1
    2
    3 Herrn
    4 Prof. Dr. Eugen Schulze
    5 Lippstädter Straße 25 A
    6
    7 12207 Berlin
    8
    9
```

e) 1
   2
   3 Frau Professorin
   4 Dagmar Müller
   5 An der Großen Eiche 5
   6
   7 46535 Dortmund
   8
   9

f) 1
   2
   3 Wäschegroßhandel
   4 Robert Bergmann e. K.
   5 Venloer Straße 80 - 82
   6
   7 50672 Köln
   8
   9

g) 1
   2
   3 Lehmann & Krause KG
   4 Herrn E. Winkelmann
   5 Johannisberger Straße 5/7
   6
   7 14197 Berlin
   8
   9

h) 1
   2
   3 Landesbeauftragten
   4 für den Datenschutz
   5 Brandenburg
   6 Stahnsdorfer Damm 77
   7
   8 14532 Kleinmachnow
   9

i) 1
   2
   3 Solarstudio
   4 Sonnenschein GmbH
   5 Postfach 29 81
   6
   7 65019 Wiesbaden
   8
   9

```
j)   1
     2
     3 Lack- und Farbwerke
     4 Dr. Hans Sendler AG
     5 Abt. DMF 412/16
     6 Postfach 90 08 80
     7
     8 60448 Frankfurt
     9

k)   1
     2
     3 Eva Pfleiderer e. Kfr.
     4 Braunenweiler
     5 Hauptstraße 5
     6
     7 88348 Bad Saulgau
     8
     9

l)   1 Infopost
     2
     3 Eheleute
     4 Erika und Hans Müller
     5 Hochstraße 4 a
     6
     7 59192 Bergkamen
     8
     9

m)   1 Einwurf-Einschreiben
     2
     3 Amtsgericht
     4 Grundbuchamt
     5
     6 01067 Dresden
     7
     8
     9

n)   1 Übergabe-Einschreiben
     2
     3 Herrn Rechtsanwalt
     4 Dr. Otto Freiherr von Bergheim
     5 Parkweg 22 // W 54
     6
     7 12683 Berlin
     8
     9
```

o)   1 Wenn unbekannt, zurück
      2
      3 0 29 64/75
      4 Herrn
      5 Dipl.-Ldw. Otto Winter
      6 Hauptstraße 3 B
      7
      8 83364 Neukirchen
      9

p)   1 Nicht nachsenden
      2 <u>Übergabe-Einschreiben - Rückschein</u>
      3 W 2574671/cq/rp 84/734 m
      4 1234, 19; 1927, uk
      5 Frau Erika Weber
      6 bei Konrad Müller
      7 Bahnhofstraße 4
      8
      9 95444 Bayreuth

q)   1
      2
      3 Mevrouw J. de Vries
      4 Poste restante A. Cuypstraat
      5 Postbus 99730
      6 1000 NA AMSTERDAM
      7 NIEDERLANDE
      8
      9

r)   1
      2
      3 Casio Computer Co., Ltd.
      4 6-1, Nishi-Shinjuku 2-chome
      5 Shinjuku-ku
      6 TOKYO 163-02
      7 JAPAN
      8
      9

Anhang E
(informativ)

Anwendungsbeispiele

Die in den Anwendungsbeispielen zwischen den Zeilen eingesetzten Punkte kennzeichnen die einzuhaltenden Leerzeilen.

Anwendungsbeispiel E.1

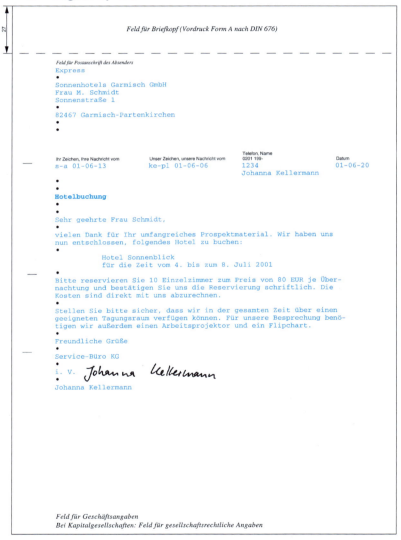

Feld für Briefkopf (Vordruck Form A nach DIN 676)

Feld für Postanschrift des Absenders
Express

Sonnenhotels Garmisch GmbH
Frau M. Schmidt
Sonnenstraße 1

82467 Garmisch-Partenkirchen

Ihr Zeichen, Ihre Nachricht vom	Unser Zeichen, unsere Nachricht vom	Telefon, Name 0201 199-	Datum
s-a 01-06-13	ke-pl 01-06-06	1234 Johanna Kellermann	01-06-20

Hotelbuchung

Sehr geehrte Frau Schmidt,

vielen Dank für Ihr umfangreiches Prospektmaterial. Wir haben uns nun entschlossen, folgendes Hotel zu buchen:

Hotel Sonnenblick
für die Zeit vom 4. bis zum 8. Juli 2001

Bitte reservieren Sie 10 Einzelzimmer zum Preis von 80 EUR je Übernachtung und bestätigen Sie uns die Reservierung schriftlich. Die Kosten sind direkt mit uns abzurechnen.

Stellen Sie bitte sicher, dass wir in der gesamten Zeit über einen geeigneten Tagungsraum verfügen können. Für unsere Besprechung benötigen wir außerdem einen Arbeitsprojektor und ein Flipchart.

Freundliche Grüße

Service-Büro KG

i. V. *Johanna Kellermann*
Johanna Kellermann

Feld für Geschäftsangaben
Bei Kapitalgesellschaften: Feld für gesellschaftsrechtliche Angaben

Anwendungsbeispiel E.2

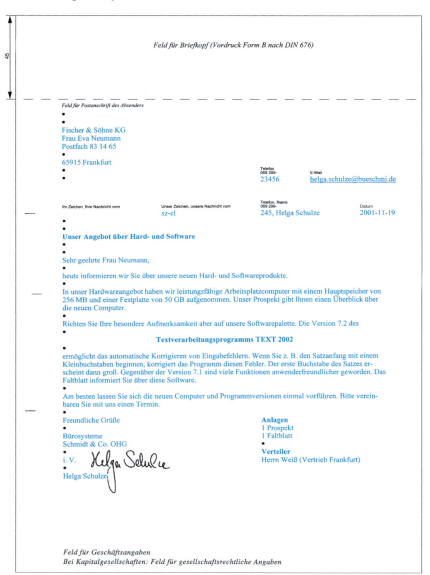

Feld für Briefkopf (Vordruck Form B nach DIN 676)

45

Feld für Postanschrift des Absenders

Fischer & Söhne KG
Frau Eva Neumann
Postfach 83 14 65

65915 Frankfurt

Telefax
069 399-
23456

E-Mail
helga.schulze@bueschmi.de

Ihr Zeichen, Ihre Nachricht vom

Unser Zeichen, unsere Nachricht vom
sz-el

Telefon, Name
069 299-
245, Helga Schulze

Datum
2001-11-19

Unser Angebot über Hard- und Software

Sehr geehrte Frau Neumann,

heute informieren wir Sie über unsere neuen Hard- und Softwareprodukte.

In unser Hardwareangebot haben wir leistungsfähige Arbeitsplatzcomputer mit einem Hauptspeicher von 256 MB und einer Festplatte von 50 GB aufgenommen. Unser Prospekt gibt Ihnen einen Überblick über die neuen Computer.

Richten Sie Ihre besondere Aufmerksamkeit aber auf unsere Softwarepalette. Die Version 7.2 des

Textverarbeitungsprogramms TEXT 2002

ermöglicht das automatische Korrigieren von Eingabefehlern. Wenn Sie z. B. den Satzanfang mit einem Kleinbuchstaben beginnen, korrigiert das Programm diesen Fehler. Der erste Buchstabe des Satzes erscheint dann groß. Gegenüber der Version 7.1 sind viele Funktionen anwenderfreundlicher geworden. Das Faltblatt informiert Sie über diese Software.

Am besten lassen Sie sich die neuen Computer und Programmversionen einmal vorführen. Bitte vereinbaren Sie mit uns einen Termin.

Freundliche Grüße

Bürosysteme
Schmidt & Co. OHG

i. V.

Helga Schulze

Anlagen
1 Prospekt
1 Faltblatt

Verteiler
Herrn Weiß (Vertrieb Frankfurt)

Feld für Geschäftsangaben
Bei Kapitalgesellschaften: Feld für gesellschaftsrechtliche Angaben

Anwendungsbeispiel E.3

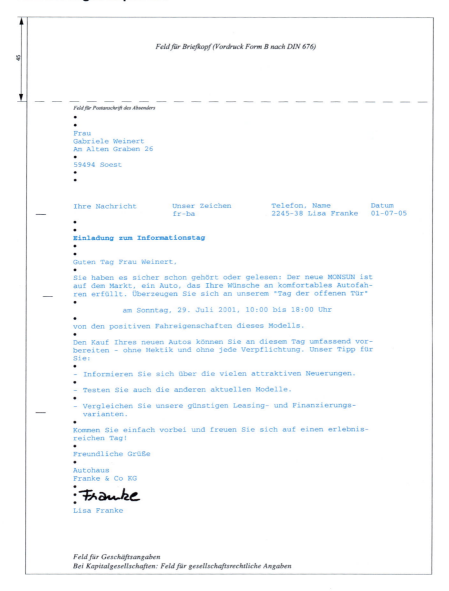

Feld für Briefkopf (Vordruck Form B nach DIN 676)

45

Feld für Postanschrift des Absenders

Frau
Gabriele Weinert
Am Alten Graben 26

59494 Soest

Ihre Nachricht	Unser Zeichen	Telefon, Name	Datum
	fr-ba	2245-38 Lisa Franke	01-07-05

Einladung zum Informationstag

Guten Tag Frau Weinert,

Sie haben es sicher schon gehört oder gelesen: Der neue MONSUN ist
auf dem Markt, ein Auto, das Ihre Wünsche an komfortables Autofah-
ren erfüllt. Überzeugen Sie sich an unserem "Tag der offenen Tür"

      am Sonntag, 29. Juli 2001, 10:00 bis 18:00 Uhr

von den positiven Fahreigenschaften dieses Modells.

Den Kauf Ihres neuen Autos können Sie an diesem Tag umfassend vor-
bereiten - ohne Hektik und ohne jede Verpflichtung. Unser Tipp für
Sie:

- Informieren Sie sich über die vielen attraktiven Neuerungen.

- Testen Sie auch die anderen aktuellen Modelle.

- Vergleichen Sie unsere günstigen Leasing- und Finanzierungs-
  varianten.

Kommen Sie einfach vorbei und freuen Sie sich auf einen erlebnis-
reichen Tag!

Freundliche Grüße

Autohaus
Franke & Co KG

Franke

Lisa Franke

Feld für Geschäftsangaben
Bei Kapitalgesellschaften: Feld für gesellschaftsrechtliche Angaben

Anwendungsbeispiel E.4

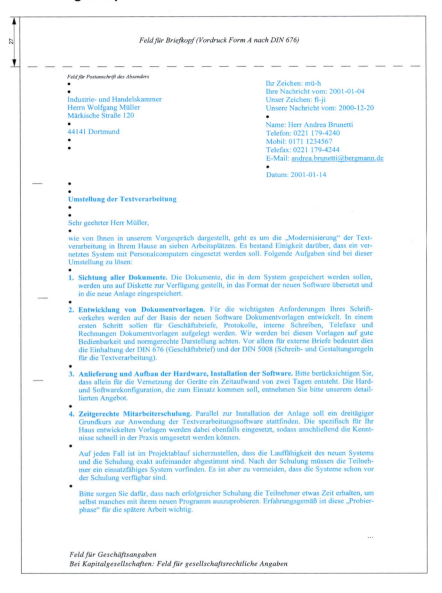

Feld für Briefkopf (Vordruck Form A nach DIN 676)

27

Feld für Postanschrift des Absenders
•
• Ihr Zeichen: mü-h
• Ihre Nachricht vom: 2001-01-04
Industrie- und Handelskammer Unser Zeichen: fi-ji
Herrn Wolfgang Müller Unsere Nachricht vom: 2000-12-20
Märkische Straße 120 •
• Name: Herr Andrea Brunetti
44141 Dortmund Telefon: 0221 179-4240
• Mobil: 0171 1234567
• Telefax: 0221 179-4244
 E-Mail: andrea.brunetti@bergmann.de
 •
 Datum: 2001-01-14

— •

•
Umstellung der Textverarbeitung
•
•
Sehr geehrter Herr Müller,

wie von Ihnen in unserem Vorgespräch dargestellt, geht es um die „Modernisierung" der Textverarbeitung in Ihrem Hause an sieben Arbeitsplätzen. Es bestand Einigkeit darüber, dass ein ver-
netztes System mit Personalcomputern eingesetzt werden soll. Folgende Aufgaben sind bei dieser
Umstellung zu lösen:

1. **Sichtung aller Dokumente.** Die Dokumente, die in dem System gespeichert werden sollen,
werden uns auf Diskette zur Verfügung gestellt, in das Format der neuen Software übersetzt und
in die neue Anlage eingespeichert.

2. **Entwicklung von Dokumentvorlagen.** Für die wichtigsten Anforderungen Ihres Schrift-
verkehrs werden auf der Basis der neuen Software Dokumentvorlagen entwickelt. In einem
ersten Schritt sollen für Geschäftsbriefe, Protokolle, interne Schreiben, Telefaxe und
Rechnungen Dokumentvorlagen aufgelegt werden. Wir werden bei diesen Vorlagen auf gute
Bedienbarkeit und normgerechte Darstellung achten. Vor allem für externe Briefe bedeutet dies
die Einhaltung der DIN 676 (Geschäftsbrief) und der DIN 5008 (Schreib- und Gestaltungsregeln
für die Textverarbeitung).

3. **Anlieferung und Aufbau der Hardware, Installation der Software.** Bitte berücksichtigen Sie,
dass allein für die Vernetzung der Geräte ein Zeitaufwand von zwei Tagen entsteht. Die Hard-
und Softwarekonfiguration, die zum Einsatz kommen soll, entnehmen Sie bitte unserem detail-
lierten Angebot.

•
4. **Zeitgerechte Mitarbeiterschulung.** Parallel zur Installation der Anlage soll ein dreitägiger
Grundkurs zur Anwendung der Textverarbeitungssoftware stattfinden. Die spezifisch für Ihr
Haus entwickelten Vorlagen werden dabei ebenfalls eingesetzt, sodass anschließend die Kenntnisse schnell in der Praxis umgesetzt werden können.

•
Auf jeden Fall ist im Projektablauf sicherzustellen, dass die Lauffähigkeit des neuen Systems
und die Schulung exakt aufeinander abgestimmt sind. Nach der Schulung müssen die Teilnehmer ein einsatzfähiges System vorfinden. Es ist aber zu vermeiden, dass die Systeme schon vor
der Schulung verfügbar sind.

Bitte sorgen Sie dafür, dass nach erfolgreicher Schulung die Teilnehmer etwas Zeit erhalten, um
selbst manches mit ihrem neuen Programm auszuprobieren. Erfahrungsgemäß ist diese „Probier-
phase" für die spätere Arbeit wichtig.

...

Feld für Geschäftsangaben
Bei Kapitalgesellschaften: Feld für gesellschaftsrechtliche Angaben

Anwendungsbeispiel E.4 *(fortgesetzt)*

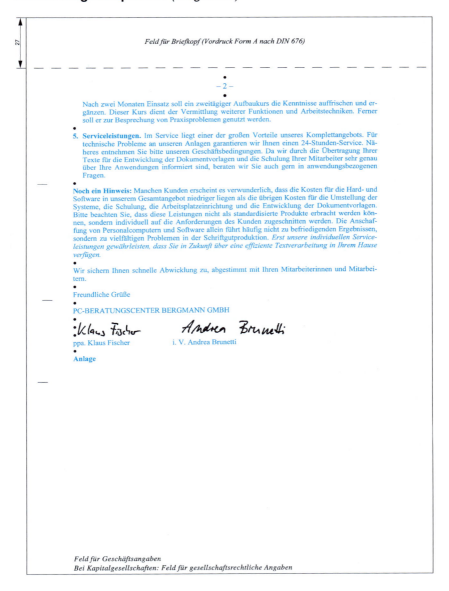

Feld für Briefkopf (Vordruck Form A nach DIN 676)

– 2 –

Nach zwei Monaten Einsatz soll ein zweitägiger Aufbaukurs die Kenntnisse auffrischen und ergänzen. Dieser Kurs dient der Vermittlung weiterer Funktionen und Arbeitstechniken. Ferner soll er zur Besprechung von Praxisproblemen genutzt werden.

5. **Serviceleistungen.** Im Service liegt einer der großen Vorteile unseres Komplettangebots. Für technische Probleme an unseren Anlagen garantieren wir Ihnen einen 24-Stunden-Service. Näheres entnehmen Sie bitte unseren Geschäftsbedingungen. Da wir durch die Übertragung Ihrer Texte für die Entwicklung der Dokumentvorlagen und die Schulung Ihrer Mitarbeiter sehr genau über Ihre Anwendungen informiert sind, beraten wir Sie auch gern in anwendungsbezogenen Fragen.

Noch ein Hinweis: Manchen Kunden erscheint es verwunderlich, dass die Kosten für die Hard- und Software in unserem Gesamtangebot niedriger liegen als die übrigen Kosten für die Umstellung der Systeme, die Schulung, die Arbeitsplatzeinrichtung und die Entwicklung der Dokumentvorlagen. Bitte beachten Sie, dass diese Leistungen nicht als standardisierte Produkte erbracht werden können, sondern individuell auf die Anforderungen des Kunden zugeschnitten werden. Die Anschaffung von Personalcomputern und Software allein führt häufig nicht zu befriedigenden Ergebnissen, sondern zu vielfältigen Problemen in der Schriftgutproduktion. *Erst unsere individuellen Serviceleistungen gewährleisten, dass Sie in Zukunft über eine effiziente Textverarbeitung in Ihrem Hause verfügen.*

Wir sichern Ihnen schnelle Abwicklung zu, abgestimmt mit Ihren Mitarbeiterinnen und Mitarbeitern.

Freundliche Grüße

PC-BERATUNGSCENTER BERGMANN GMBH

ppa. Klaus Fischer   i. V. Andrea Brunetti

Anlage

Feld für Geschäftsangaben
Bei Kapitalgesellschaften: Feld für gesellschaftsrechtliche Angaben

Anwendungsbeispiel E.5

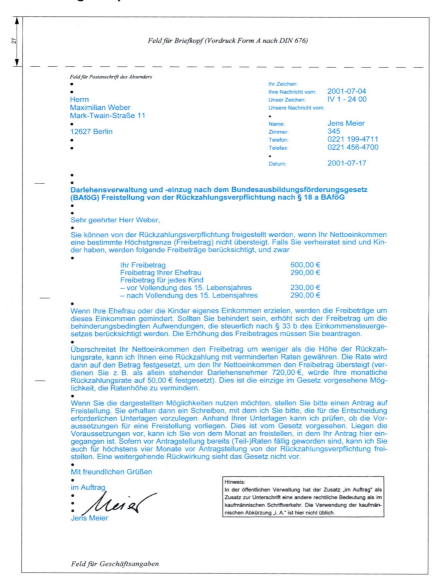

Feld für Briefkopf (Vordruck Form A nach DIN 676)

27

Feld für Postanschrift des Absenders

Herrn
Maximilian Weber
Mark-Twain-Straße 11

12627 Berlin

Ihr Zeichen:	
Ihre Nachricht vom:	2001-07-04
Unser Zeichen:	IV 1 - 24 00
Unsere Nachricht vom:	
Name:	Jens Meier
Zimmer:	345
Telefon:	0221 199-4711
Telefax:	0221 456-4700
Datum:	2001-07-17

Darlehensverwaltung und -einzug nach dem Bundesausbildungsförderungsgesetz (BAföG) Freistellung von der Rückzahlungsverpflichtung nach § 18 a BAföG

Sehr geehrter Herr Weber,

Sie können von der Rückzahlungsverpflichtung freigestellt werden, wenn Ihr Nettoeinkommen eine bestimmte Höchstgrenze (Freibetrag) nicht übersteigt. Falls Sie verheiratet sind und Kinder haben, werden folgende Freibeträge berücksichtigt, und zwar

Ihr Freibetrag	600,00 €
Freibetrag Ihrer Ehefrau	290,00 €
Freibetrag für jedes Kind	
– vor Vollendung des 15. Lebensjahres	230,00 €
– nach Vollendung des 15. Lebensjahres	290,00 €

Wenn Ihre Ehefrau oder die Kinder eigenes Einkommen erzielen, werden die Freibeträge um dieses Einkommen gemindert. Sollten Sie behindert sein, erhöht sich der Freibetrag um die behinderungsbedingten Aufwendungen, die steuerlich nach § 33 b des Einkommensteuergesetzes berücksichtigt werden. Die Erhöhung des Freibetrages müssen Sie beantragen.

Überschreitet Ihr Nettoeinkommen den Freibetrag um weniger als die Höhe der Rückzahlungsrate, kann ich Ihnen eine Rückzahlung mit verminderten Raten gewähren. Die Rate wird dann auf den Betrag festgesetzt, um den Ihr Nettoeinkommen den Freibetrag übersteigt (verdienen Sie z. B. als allein stehender Darlehensnehmer 720,00 €, würde Ihre monatliche Rückzahlungsrate auf 50,00 € festgesetzt). Dies ist die einzige im Gesetz vorgesehene Möglichkeit, die Ratenhöhe zu vermindern.

Wenn Sie die dargestellten Möglichkeiten nutzen möchten, stellen Sie bitte einen Antrag auf Freistellung. Sie erhalten dann ein Schreiben, mit dem ich Sie bitte, die für die Entscheidung erforderlichen Unterlagen vorzulegen. Anhand Ihrer Unterlagen kann ich prüfen, ob die Voraussetzungen für eine Freistellung vorliegen. Dies ist vom Gesetz vorgesehen. Liegen die Voraussetzungen vor, kann ich Sie von dem Monat an freistellen, in dem Ihr Antrag hier eingegangen ist. Sofern vor Antragstellung bereits (Teil-)Raten fällig geworden sind, kann ich Sie auch für höchstens vier Monate vor Antragstellung von der Rückzahlungsverpflichtung freistellen. Eine weitergehende Rückwirkung sieht das Gesetz nicht vor.

Mit freundlichen Grüßen

im Auftrag

Jens Meier

> **Hinweis:**
> In der öffentlichen Verwaltung hat der Zusatz „im Auftrag" als Zusatz zur Unterschrift eine andere rechtliche Bedeutung als im kaufmännischen Schriftverkehr. Die Verwendung der kaufmännischen Abkürzung „i. A." ist hier nicht üblich.

Feld für Geschäftsangaben

Anwendungsbeispiel E.6

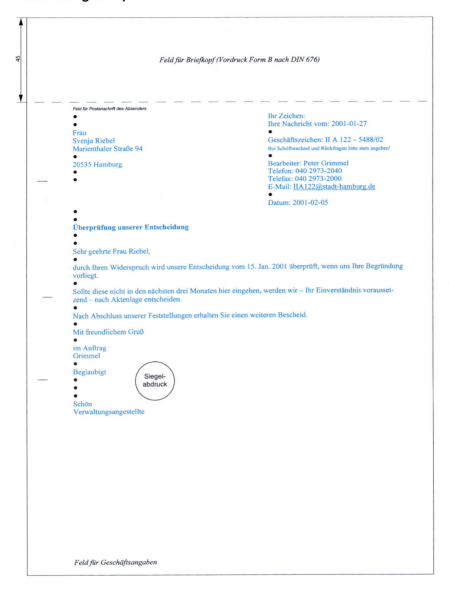

Feld für Briefkopf (Vordruck Form B nach DIN 676)

Feld für Postanschrift des Absenders

Frau
Svenja Riebel
Marienthaler Straße 94

20535 Hamburg

Ihr Zeichen:
Ihre Nachricht vom: 2001-01-27

Geschäftszeichen: II A 122 – 5488/02
Bei Schriftwechsel und Rückfragen bitte stets angeben!

Bearbeiter: Peter Grimmel
Telefon: 040 2973-2040
Telefax: 040 2973-2000
E-Mail: IIA122@stadt-hamburg.de

Datum: 2001-02-05

Überprüfung unserer Entscheidung

Sehr geehrte Frau Riebel,

durch Ihren Widerspruch wird unsere Entscheidung vom 15. Jan. 2001 überprüft, wenn uns Ihre Begründung vorliegt.

Sollte diese nicht in den nächsten drei Monaten hier eingehen, werden wir – Ihr Einverständnis voraussetzend – nach Aktenlage entscheiden.

Nach Abschluss unserer Feststellungen erhalten Sie einen weiteren Bescheid.

Mit freundlichem Gruß

im Auftrag
Grimmel

Beglaubigt

Siegel-
abdruck

Schön
Verwaltungsangestellte

Feld für Geschäftsangaben

49

Anwendungsbeispiel E.7

Kornelia Großmann   2001-09-05
August-Bebel-Platz 15
99423 Weimar
Tel. 03643 24559

EUROTEC AG
Personalabteilung
Frau Erika Kleine

99081 Erfurt

Bewerbung als Sachbearbeiterin für den Einkauf

Sehr geehrte Frau Kleine,

in der NEUEN PRESSE habe ich gelesen, dass Sie zum 15. Oktober 2001 eine Sachbearbeiterin für den Einkauf einstellen wollen. Ich bewerbe mich bei Ihnen, weil mich die Arbeit im Einkauf interessiert, und ich glaube, für diese Stelle alle erforderlichen Voraussetzungen mitzubringen.

Nach meiner Ausbildungszeit als Industriekauffrau bei den Thüringischen Metallwerken in Jena wurde ich dort als Sachbearbeiterin im Einkauf, im Verkauf und in der Rechnungsabteilung eingesetzt. Durch meine Tätigkeiten in verschiedenen betrieblichen Bereichen ist mir klar geworden, dass meine Fähigkeiten und Neigungen im Einkauf liegen.

Um mich fortzubilden, besuche ich seit 1. September 2000 bei der Industrie- und Handelskammer das berufsbegleitende Seminar **"Geprüfte(r) Betriebswirt(in)"**, das Ende 2002 mit einer Prüfung abschließt. Die dort erworbenen Kenntnisse werden mir als Sachbearbeiterin im Einkauf nützlich sein.

Die gewünschten Bewerbungsunterlagen informieren Sie über meinen schulischen und beruflichen Werdegang. Über Ihre Einladung zu einem Vorstellungsgespräch freue ich mich.

Mit freundlichen Grüßen

Kornelia Großmann

Anlagen
1 Foto
1 tabellarischer Lebenslauf
4 Zeugniskopien
1 Kopie des Prüfungszeugnisses

Anwendungsbeispiel E.8

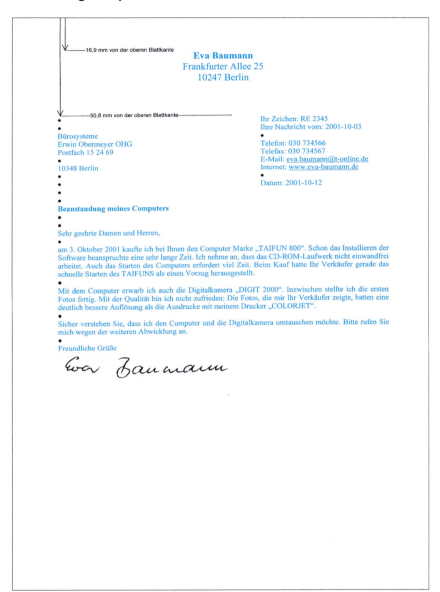

16,9 mm von der oberen Blattkante

Eva Baumann
Frankfurter Allee 25
10247 Berlin

50,8 mm von der oberen Blattkante

Bürosysteme
Erwin Obermeyer OHG
Postfach 15 24 69

10348 Berlin

Ihr Zeichen: RE 2345
Ihre Nachricht vom: 2001-10-03

Telefon: 030 734566
Telefax: 030 734567
E-Mail: eva.baumann@t-online.de
Internet: www.eva-baumann.de

Datum: 2001-10-12

Beanstandung meines Computers

Sehr geehrte Damen und Herren,

am 3. Oktober 2001 kaufte ich bei Ihnen den Computer Marke „TAIFUN 800". Schon das Installieren der Software beanspruchte eine sehr lange Zeit. Ich nehme an, dass das CD-ROM-Laufwerk nicht einwandfrei arbeitet. Auch das Starten des Computers erfordert viel Zeit. Beim Kauf hatte Ihr Verkäufer gerade das schnelle Starten des TAIFUNS als einen Vorzug herausgestellt.

Mit dem Computer erwarb ich auch die Digitalkamera „DIGIT 2000". Inzwischen stellte ich die ersten Fotos fertig. Mit der Qualität bin ich nicht zufrieden: Die Fotos, die mir Ihr Verkäufer zeigte, hatten eine deutlich bessere Auflösung als die Ausdrucke mit meinem Drucker „COLORJET".

Sicher verstehen Sie, dass ich den Computer und die Digitalkamera umtauschen möchte. Bitte rufen Sie mich wegen der weiteren Abwicklung an.

Freundliche Grüße

Eva Baumann

51

Anwendungsbeispiel E.9

An ...	buerosysteme.obermeyer@t-online.de
Cc ...	
Bcc ...	
Betreff:	Informationen zu TAIFUN 800 und DIGIT 2000

Sehr geehrte Damen und Herren,

im Internet fand ich Ihr Angebot über den Computer „TAIFUN 800" und die Digitalkamera „DIGIT 2000".

Bitte senden Sie mir ausführliche Informationen über den Computer und die Digitalkamera.

Freundliche Grüße

Eva Baumann
Frankfurter Allee 25
10247 Berlin

Telefon: 030 734566
Telefax: 030 734567
E-Mail: eva.baumann@t-online.de

Anwendungsbeispiel E.10

An ...	kfb.meyer@ihk-berlin.com
Cc ...	kfb.paa@ihk-berlin.com
Bcc ...	
Betreff:	Pruefungsaufgaben

```
-----BEGIN PGP SIGNED MESSAGE-----
Hash: SHA1
```

Sehr geehrte Damen und Herren,

wie vor 3 Tagen besprochen, sende ich Ihnen die für die nächste Prüfung
beschlossenen und überarbeiteten Prüfungsaufgaben für das Fach
Informationsverarbeitung als gepackte Datei.

Freundliche Grüße

Oberstufenzentrum
Bürowirtschaft und Verwaltung

i. A. Jens Krause

Telefon: 030 470307
Telefax: 030 470308
E-Mail: j.krause@webmail.de

```
-----BEGIN PGP SIGNATURE-----
Version: PGP 6.0.2i

iQA/AwUBOU+c9b2YemmXosc/EQKg3ACgh5v9gl9JyqcymZAs9TM+zDaPN1oA
oOZt
RtjcheSJDb9H0tqOxhbJWHlN
=aWSC
-----END PGP SIGNATURE-----
```

kfb-pra.zip

Hier ist nur eine der möglichen Signaturen beispielhaft abgebildet.

Anwendungsbeispiel E.11

A – ohne vorausgehenden Text

z. B. Tischvorlage für eine Besprechung oder Anlage zu einem Brief

Tischvorlage zu TOP 3 der Sitzung der Geschäftsleitung am 15. Nov. 2001

PC-Beratungscenter Bergmann GmbH
Umsatzentwicklung im 3. Quartal 2000

Verkaufs-bereich	2. Quartal	3. Quartal				Abwei-chung zum Vorquartal
		Juli	August	September	Summe	
Büroeinrichtung	350.750 €	98.250 €	100.350 €	72.750 €	271.350 €	–22,64 %
EDV	475.000 €	227.000 €	180.500 €	185.000 €	592.500 €	24,74 %
Schulung	125.000 €	48.000 €	37.500 €	50.000 €	135.500 €	8,40 %
Insgesamt	950.750 €	373.250 €	318.350 €	307.750 €	999.350 €	5,11 %

B – mit vorausgehendem Text

z. B. innerhalb eines Schreibens oder Quartalsberichts

Im 3. Quartal des laufenden Geschäftsjahres ist es gelungen, den Umsatz gegenüber dem Vorquartal zu steigern. Doch bei näherer Betrachtung zeigt sich auch ein Bereich, der Anlass zu Sorgen gibt:

Verkaufs-bereich	2. Quartal	3. Quartal				Abwei-chung zum Vorquartal
		Juli	August	September	Summe	
Büroeinrichtung	350.750 €	98.250 €	100.350 €	72.750 €	271.350 €	–22,64 %
EDV	475.000 €	227.000 €	180.500 €	185.000 €	592.500 €	–24,74 %
Schulung	125.000 €	48.000 €	37.500 €	50.000 €	135.500 €	8,40 %
Insgesamt	950.750 €	373.250 €	318.350 €	307.750 €	999.350 €	5,11 %

Um die seit gut einem halben Jahr rückläufige Entwicklung bei Büroeinrichtungen zu stoppen, sind bei allen Beratungs- und Verkaufsgesprächen verstärkt Komplettlösungen anzubieten.

Die Geschäftsleitung geht davon aus, dass auch im Bereich der Schulungen durchaus noch Steigerungen möglich sind, und schlägt daher vor, ...

Anwendungsbeispiel E.11 *(fortgesetzt)*

C – mit vorausgehendem Text und integrierter Überschrift

z. B. innerhalb eines Schreibens oder Quartalsberichts

Im 3. Quartal des laufenden Geschäftsjahres ist es gelungen, den Umsatz gegenüber dem Vorquartal zu steigern. Doch bei näherer Betrachtung zeigt sich auch ein Bereich, der Anlass zu Sorgen gibt:

-

Umsatzentwicklung im 3. Quartal des Geschäftsjahres 2000						
Verkaufs-bereich	2. Quartal	3. Quartal				Abwei-chung zum Vorquartal
		Juli	August	September	Summe	
Büroeinrichtung	350.750 €	98.250 €	100.350 €	72.750 €	271.350 €	–22,64 %
EDV	475.000 €	227.000 €	180.500 €	185.000 €	592.500 €	24,74 %
Schulung	125.000 €	48.000 €	37.500 €	50.000 €	135.500 €	8,40 %
Insgesamt	950.750 €	373.250 €	318.350 €	307.750 €	999.350 €	5,11 %

-

Um die seit gut einem halben Jahr rückläufige Entwicklung bei Büroeinrichtungen zu stoppen, sind bei allen Beratungs- und Verkaufsgesprächen verstärkt Komplettlösungen anzubieten.

Die Geschäftsleitung geht davon aus, dass auch im Bereich der Schulungen durchaus noch Steigerungen möglich sind, und schlägt daher vor, ...

Anhang F
(informativ)

Gliederung der automationsgerechten Aufschriftseite
einer Standardbriefsendung

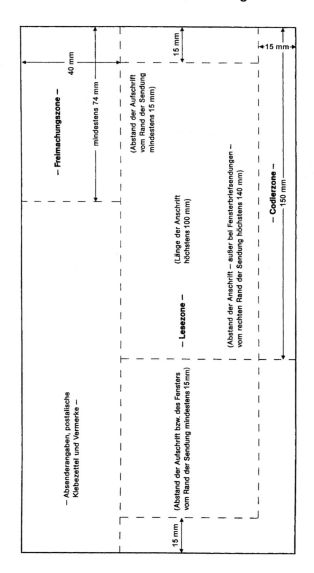

Anhang G
(informativ)

Erläuterungen

Zu 4.1 und 4.3: Die Bezeichnungen Worttrennungsstrich und Ergänzungsstrich wurden entsprechend der amtlichen Regelung der deutschen Rechtschreibung berücksichtigt.

Zu 6.2: Der Halbgeviertstrich ist im Vergleich zum Mittestrich etwas länger und schmaler. In allen Beispielen dieser Norm darf statt des Halbgeviertstrichs auch der Mittestrich verwendet werden.

Zu 14.7: Für „Versendungsform", „Sendungsart" und „Vorausverfügung" wird die Bezeichnung „postalische Vermerke" verwendet.

Zum Anhang B: Bei der Anwendung der Tabelle B.1 ist zu berücksichtigen, dass alle Millimeterangaben Ränder vor bzw. nach einem Zeichen angeben, während die Gradangaben der Tabelle B.2 (wie bei Schreibmaschinen üblich) sich genau auf die Mitte des Zeichens beziehen.

Beispiel für den linken Textrand: Gradangabe für 10er-Schriftteilung: auf Grad 10. Umrechnung für APC-Logik: $(10 - ½)$ x 2,54 mm = 24,1 mm.

Beispiel für den rechten Textrand: Gradangabe für 10er-Schriftteilung: auf Grad 79. Umrechnung für APC-Logik: $(79 + ½)$ x 2,54 mm = 201,9 mm.

Werden die Geschäftsvordrucke mit einem Textverarbeitungsprogramm erstellt, können die Millimeterangaben gerundet werden. Dabei wird allerdings der einheitliche Millimeterraster geringfügig verlassen.

Zum Anhang C: Bei der Anwendung der Tabelle C.1 ist zu berücksichtigen, dass alle Millimeterangaben die Zeilen vor der gemeinten Textzeile betreffen (APC-Logik), während alle Zeilenangaben sich auf die gemeinte Textzeile beziehen (Schreibmaschinenlogik).

Beispiel für die Absenderzeile: Zeilenangabe 5. Umrechnung auf APC-Logik: $(5 - 1)$ x 4,23 mm = 16,9 mm.

Literaturhinweise

DIN 676-1, *Briefhüllen – Formate.*

DIN 678-2, *Briefhüllen – Briefhüllen zur Verarbeitung in Kuvertiermaschinen, Format C6 bis C4.*

DIN 680, *Fensterbriefhülle – Formate und Fensterstellung.*

DIN 1302, *Allgemeine mathematische Zeichen und Begriffe.*

DIN 1333, *Zahlenangaben.*

DIN 1338, *Formelschreibweise und Formelsatz.*

DIN 2107, *Büro- und Datentechnik – Schriftfamilien für Maschinen der Textverarbeitung.*

DIN 2137-1, *Büro- und Datentechnik – Tastaturen – Teil 1: Deutsche Tastatur für Schreibmaschinen; Tastenanordnung und Belegung mit Schriftzeichen.*

DIN 2137-2, *Büro- und Datentechnik – Tastaturen – Teil 2: Deutsche Tastatur für die Daten- und Textverarbeitung; Tastenanordnung und Belegung mit Schriftzeichen.*

DIN 2137-6, *Büro- und Datentechnik – Tastaturen – Teil 6: Deutsche Tastatur für die Daten- und Textverarbeitung sowie für Schreibmaschinen; Tastenanordnung und Belegung mit Funktionen.*

DIN 2137-10, *Büro- und Datentechnik – Tastaturen – Teil 10: Deutsche Tastatur für die Daten- und Textverarbeitung sowie für Schreibmaschinen; Anordnung der Tastenposition und Bemaßung.*

DIN 2137-11, *Büro- und Datentechnik – Tastaturen – Teil 11: Deutsche Tastatur für die Daten- und Textverarbeitung sowie für Schreibmaschinen; Grundsätze für die Belegung von Tasten und deren Kennzeichnung.*

E DIN 2137-12, *Büro- und Datentechnik – Alphanumerische Tastaturen – Teil 12: Deutsche Tastatur für Daten- und Textverarbeitung; Tastenanordnung und -belegung für tragbare Rechner.*

E DIN 2137-13, *Büro- und Datentechnik – Tastaturen – Teil 13: Deutsche Tastatur für Daten- und Textverarbeitung; Tastenanordnung und -belegung für geteilte und abgewinkelte Tastaturen.*

DIN 4991, *Geschäftsvordrucke – Rahmenmuster für Handelspapiere – Anfrage, Angebot, Bestellung, Bestellungsannahme, Lieferschein/Lieferanzeige und Rechnung.*

DIN 5007, *Ordnen von Schriftzeichenfolgen (ABC-Regeln).*

DIN 5009, *Diktierregeln.*

DIN 5012, *Geschäftsvordrucke – Kurzmitteilung.*

DIN 5013, *Geschäftsvordrucke – Pendelbrief.*

ISO 11180, *Postanschrift.*

Stichwortverzeichnis

DEUTSCHE NORM *Entwurf* Juli 2004

DIN 5008/A1

DIN

ICS 35.240.20

Einsprüche bis 2004-09-30
Vorgesehen als Änderung von
DIN 5008:2001-11

Entwurf

Schreib- und Gestaltungsregeln für die Textverarbeitung – Änderung 1

Rules for text representation –
Amendment A1

Règles pour présentation des textes –
Amendement A1

Anwendungswarnvermerk

Dieser Norm-Entwurf wird der Öffentlichkeit zur Prüfung und Stellungnahme vorgelegt.

Weil die beabsichtigte Norm von der vorliegenden Fassung abweichen kann, ist die Anwendung dieses Entwurfes besonders zu vereinbaren.

Stellungnahmen werden erbeten

— vorzugsweise als Datei per E-Mail an nbue@din.de in Form einer Tabelle. Die Vorlage dieser Tabelle kann im Internet unter www.din.de/stellungnahme abgerufen werden;

— oder in Papierform an den Normenausschuss Bürowesen (NBü) im DIN, 10772 Berlin (Hausanschrift: Burggrafenstr. 6, 10787 Berlin).

Gesamtumfang 10 Seiten

Normenausschuss Bürowesen (NBü) im DIN

Vorwort

Dieser Norm-Entwurf wurde vom NBü-1.2 „Regeln für die Textverarbeitung" erarbeitet.

Die in dem Norm-Entwurf vorgeschlagenen Änderungen gehen auf einen Änderungsantrag der Deutschen Post AG zurück, mit dem der Wegfall der Leerzeile in der Anschrift vorgeschlagen wird. Der Antrag wurde im Wesentlichen damit begründet, dass

— eine Vereinheitlichung der nationalen und internationalen Aufschrift erreicht werden soll (europäisch und international wird keine Leerzeile in der Anschrift verwendet),

— im Bereich der elektronischen Frankierung (z. B. 2D-Matrix-Code) der Verzicht auf die Leerzeile bereits umgesetzt ist,

— bei Wegfall der Leerzeile aufgrund einer verbesserten Anschriftenerkennung eine höhere Quote maschinell bearbeiteter Briefsendungen erreicht werden kann.

Der zuständige Arbeitsausschuss hat eine entsprechende Überarbeitung der Norm DIN 5008:2001-11 vorgenommen und sich wegen der noch kurzen Laufzeit der derzeit geltenden Fassung der Norm für die Veröffentlichung als Änderung A1 entschieden. Hierbei wurden nur diejenigen Passagen der DIN 5008:2001-11 überarbeitet, die von den vorgeschlagenen Änderungen beim Anschriftfeld betroffen sind.

Als Änderung A1 von DIN 5008:2001-11 sind folgende Änderungen vorgesehen:

a) Neugliederung des Anschriftfeldes in 14.7 auf Grund des Wegfalls von Leerzeilen innerhalb der Aufschrift

b) Anpassung der Anhänge B, C, D und E.

14.7 Anschriftfeld

14.7.1 Allgemeines

Maße und Position des Anschriftfeldes sind in DIN 676 festgelegt. Inhalt des Anschriftfeldes ist die Aufschrift. Bestandteile der Aufschrift sind Zusätze und Vermerke (Vorausverfügungen wie z. B. „Nicht nachsenden!", Produkte wie z. B. „Einschreiben" und elektronische Freimachungsvermerke) sowie die Anschrift.

Maße in Millimeter

Bild 1 — Gliederung des Anschriftfeldes

In der Zusatz- und Vermerkzone stehen drei Zeilen, in der Anschriftzone sechs Zeilen zur Verfügung (siehe Bild 1). Sofern ein elektronisches Frankierverfahren mehr als drei Zeilen Platz in der Zusatz- und Vermerkzone benötigt, ist die Anschriftzone entsprechend zu verkleinern. Werden alle sechs Zeilen in der Anschriftzone benötigt, ist in diesem Fall die Schriftgröße zu reduzieren; eine Schriftgröße von 8 Punkt darf nicht unterschritten werden. Bei Schriftgrößen kleiner 10 Punkt sind serifenlose Schriften wie Arial oder Helvetica zu verwenden.

Angaben für Zeilenanfang und Zeilenende sowie die Zeilenpositionen von der oberen Blattkante in der Zusatz- und Vermerkzone bzw. der Anschriftzone *(siehe Anhang B und Anhang C).*

Die einzelnen Bestandteile der Aufschrift enthalten keine Leerzeilen. Die Zusatz- und Vermerkzone ist so zu beschriften, dass keine Leerzeile zwischen ihr und der Anschriftzone entsteht *(siehe Musteranschriften, Anhang D).*

Die Aufschrift wird im Anschriftfeld aller Schriftstücke und auf Briefhüllen bzw. Etiketten in gleicher Anordnung geschrieben. Ortsnamen werden nicht hervorgehoben *(Ausnahme siehe 14.7.3).*

Satzzeichen innerhalb einer Anschrift werden geschrieben, jedoch nicht am Zeilenende. In der Zusatz- und Vermerkzone dürfen Satzzeichen am Zeilenende stehen.

Für die Verteilung der Zeilen im Anschriftfeld siehe Anhang D.

14.7.2 Inlandsanschriften

Bestandteile der Aufschrift sind

— Zusätze und Vermerke

— die Anschrift

In die Zone für Zusätze und Vermerke dürfen auch Ordnungsbezeichnungen des Absenders aufgenommen werden (*siehe Anhang D, Beispiel p*).

Die Aufschrift wird auf folgende Weise gegliedert:

a) Zusätze und Vermerke

b) Empfängerbezeichnung

c) Postfach mit Nummer (Abholangabe) oder Straße und Hausnummer (Zustellangabe)

d) Postleitzahl und Bestimmungsort

ANMERKUNG 1 Bei Großempfängeranschriften sollten weder Postfach noch Straße und Hausnummer angegeben werden *(siehe Anhang D, Beispiel m).*

ANMERKUNG 2 Ortsteilnamen dürfen in einer besonderen Zeile oberhalb der Zustell- oder Abholangabe ohne Postleitzahl vermerkt werden, nicht aber als Zusatz zum Bestimmungsort *(siehe Anhang D, Beispiel k).*

ANMERKUNG 3 Bei der Zustellangabe dürfen zusätzlich der Gebäudeteil, das Stockwerk oder die Wohnungsnummer, abgetrennt durch zwei Schrägstriche, angegeben werden. Vor und nach den zwei Schrägstrichen ist jeweils ein Leerzeichen einzugeben *(siehe Anhang D, Beispiel n).*

14.7.3 Auslandsanschriften

Auslandsanschriften müssen in lateinischer Schrift und arabischen Ziffern, Bestimmungsort und Bestimmungsland mit Großbuchstaben geschrieben werden. Die Anordnung der Bestandteile der Anschrift und deren Schreibung sind – wenn möglich – der Absenderangabe des Partners zu entnehmen. Der Bestimmungsort ist nach Möglichkeit in der Sprache des Bestimmungslandes anzugeben (z. B. LIEGE statt Lüttich, FIRENZE statt Florenz, BUCURESTI statt Bukarest, THESSALONIKI statt Saloniki); die Angabe des Bestimmungslandes steht in deutscher Sprache in der letzten Zeile der Anschrift *(siehe Anhang D, Beispiele q und r).*

14.7.4 Empfängerbezeichnungen

Empfängerbezeichnungen werden sinngemäß in Zeilen aufgeteilt.

Berufs- oder Amtsbezeichnungen (z. B. Direktor, Rechtsanwalt) werden neben „Frau" oder „Herrn" geschrieben.

Siehe Anhang D, Beispiele c, e und n

Akademische Grade (z. B. Dr., Dipl.-Ing.) stehen unmittelbar vor dem Namen. Da es bei „Professor" nicht erkennbar ist, ob es sich um eine Amtsbezeichnung oder einen akademischen Grad handelt, sollte „Prof." unmittelbar vor dem Namen stehen.

Siehe Anhang D, Beispiele d, m, n und o

Bei Untermietern muss der Name des Wohnungsinhabers unter den Namen des Empfängers geschrieben werden.

Siehe Anhang D, Beispiel p

Einzelunternehmen erhalten den Zusatz e. K. (eingetragene Kauffrau, eingetragener Kaufmann) bzw. e. Kfr. oder e. Kfm. (eingetragene Kauffrau, eingetragener Kaufmann).

Siehe Anhang D, Beispiele f und k

14.7.5 Musteranschriften

Siehe Anhang D

Anhang B
(normativ)
Angaben für Zeilenanfang und Zeilenende

Tabelle B.1 — Millimeterangaben für Zeilenanfang und Zeilenende

Benennung	Zeilenanfang für alle Schriftarten in Millimeter		Maximales Zeilenende* für alle Schriftarten in Millimeter		
	von der linken Blattkante**	vom linken Rand**	von der linken Blattkante**	vom linken Rand**	von der rechten Blattkante**
Absenderangabe	24,1	0,0	100,3	76,2	109,7
Zusätze und Vermerke	24,1	0,0	100,3	76,2	109,7
Empfängeranschrift	24,1	0,0	100,3	76,2	109,7
Kommunikationszeile bzw. Informationsblock	125,7	101,6	201,9	177,8	8,1
Bezugszeichenzeile:***					
Erstes Leitwort	24,1	0,0			
Zweites Leitwort	74,9	50,8			
Drittes Leitwort	125,7	101,6			
Viertes Leitwort	176,5	152,4	201,9	177,8	8,1
Text	24,1	0,0	201,9	177,8	8,1
Gruß und/oder Firmenbezeichnung	24,1	0,0			
Anlagen- und Verteilvermerke	24,1 oder 125,7	0,0 oder 101,6	201,9	177,8	8,1
Einrückung	49,5	25,4	201,9	177,8	8,1

* Im Textbereich sollte das Zeilenende wenigstens bei 163,8 mm von der linken Blattkante oder 139,7 mm vom linken Rand liegen (= 46,2 mm von der rechten Blattkante).

** Werden die Geschäftsvordrucke mit einem Textverarbeitungsprogramm erstellt, können die Millimeterangaben gerundet werden. Dabei wird allerdings der einheitliche Millimeterraster geringfügig verlassen.

*** Siehe DIN 676. Die maximalen Zeilenenden für die ersten drei Leitwörter werden durch den Anfang des jeweils folgenden Leitwortes bestimmt.

Tabelle B.2 — Gradangaben für Zeilenanfang und Zeilenende

Benennung	Zeilenanfang auf Grad		Maximales Zeilenende* auf Grad	
	Pica 10er	Elite 12er	Pica 10er	Elite 12er
Absenderangabe	10	12	39	47
Zusätze und Vermerke	10	12	39	47
Empfängeranschrift	10	12	39	47
Kommunikationszeile bzw. Informationsblock	50	60	79	94
Bezugszeichenzeile:**				
Erstes Leitwort	10	12		
Zweites Leitwort	30	36		
Drittes Leitwort	50	60		
Viertes Leitwort	70	84	79	94
Text	10	12	79	94
Gruß und/oder Firmenbezeichnung	10	12		
Anlagen- und Verteilvermerke	10 oder 50	12 oder 60	79	94
Einrückung	20	24	79	94

* Im Textbereich soll das Zeilenende wenigstens auf Grad 64 (bei 12er-Teilung auf Grad 78) liegen

** Siehe DIN 676. Die maximalen Zeilenenden für die ersten drei Leitwörter werden durch den Anfang des jeweils folgenden Leitworts bestimmt.

Anhang C
(informativ)
Angaben für Zeilenpositionen von der oberen Blattkante (abgeleitet aus DIN 676)

Tabelle C.1 — Millimeter- und Zeilenangaben für Zeilenpositionen von der oberen Blattkante

Benennung	Briefblatt Form A		Briefblatt Form B	
	Zeilenanfang für alle Schriftarten in Millimeter von der oberen Blattkante*	Zeilenanfang von der oberen Blattkante auf Zeile **	Zeilenanfang für alle Schriftarten in Millimeter von der oberen Blattkante*	Zeilenanfang von der oberen Blattkante auf Zeile **
Erste Absenderzeile bei Briefblättern ohne Aufdruck	16,9	5	16,9	5
Erste Zeile Zusatz- und Vermerkzone	33,9	9	50,8	13
Erste Zeile Anschriftenzone ***	46,6	12	63,5	16
Erste Zeile des Informationsblocks	33,9	9	50,8	13
Leitwörter Kommunikations- zeile	63,5	16	80,4	20
Text Kommunikationszeile	67,7	17	84,7	21
Leitwörter Bezugszeichenzeile	80,4	20	97,4	24
Text Bezugszeichenzeile	84,7	21	101,6	25
Betreff (bei einer vorausgehenden Bezugszeichenzeile)	97,4	24	114,3	28

* Millimeterangaben bis zur oberen Zeilenkante unter Zugrundelegung einer Zeilenhöhe von 4,23 mm. Werden die Geschäftsvordrucke mit einem Textverarbeitungsprogramm erstellt, können die Millimeterangaben gerundet werden. Dabei wird allerdings der einheitliche Millimeterraster geringfügig verlassen.

** Bei Berechnung ab 1. Textzeile sind alle Werte dieser Spalte um 4 zu reduzieren.

*** Diese Angabe folgt der Neuregelung zum Anschriftfeld

Anhang D
(informativ)

Musteranschriften

Die Ziffern vor dem Zeilenanfang zeigen die jeweilige Position in der Zusatz- und Vermerkzone bzw. in der Anschriftzone an. Die aufgeführten Vorausverfügungen und Produktbezeichnungen sind exemplarisch und richten sich nach dem jeweiligen Postdienstleister.

```
a) 1                                   e) 1
   2                                      2
   3                                      3
   1 Frau                                 1 Frau Studienrätin
   2 Annemarie Hartmann                   2 Dagmar Müller
   3 Vogelsangstraße 17                   3 An der Großen Eiche 5
   4 27755 Delmenhorst                    4 46535 Dortmund
   5                                      5
   6                                      6


b) 1                                   f) 1
   2                                      2
   3 Nicht nachsenden!                    3
   1 Frau Luise Weber                     1 Wäschegroßhandel
   2 Herrn Max Lieber                     2 Robert Bergmann e. K.
   3 Rosenstraße 35                       3 Venloer Straße 80 - 82
   4 71034 Böblingen                      4 50672 Köln
   5                                      5
   6                                      6


c) 1                                   g) 1
   2                                      2
   3 Postzustellungsauftrag              3 Express
   1 Herrn Direktor                       1 Lehmann & Krause KG
   2 Dipl.-Kfm. Kurt Gräser               2 Herrn E. Winkelmann
   3 Massivbau AG                         3 Johannisberger Straße 5/7
   4 Postfach 10 11 81                    4 14197 Berlin
   5 42011 Wuppertal                      5
   6                                      6


d) 1                                   h) 1
   2                                      2
   3                                      3
   1 Herrn                                1 Landesbeauftragten
   2 Prof. Dr. Eugen Schulze              2 für den Datenschutz
   3 Lippstädter Straße 25 A              3 Brandenburg
   4 12207 Berlin                         4 Stahnsdorfer Damm 77
   5                                      5 14532 Kleinmachnow
   6                                      6
```

i) 1
   2
   3
   1 Solarstudio
   2 Sonnenschein GmbH
   3 Postfach 29 81
   4 65019 Wiesbaden
   5
   6

j) 1
   2
   3
   1 Lack- und Farbwerke
   2 Dr. Hans Sendler AG
   3 Abt. DMF 412/16
   4 Postfach 90 08 80
   5 60448 Frankfurt
   6

k) 1
   2
   3 Secret-Mail
   1 Eva Pfleiderer e. Kfr.
   2 Braunenweiler
   3 Hauptstraße 5
   4 88348 Bad Saulgau
   5
   6

l) 1
   2
   3 Büchersendung
   1 Eheleute
   2 Erika und Hans Müller
   3 Hochstraße 4 a
   4 59192 Bergkamen
   5
   6

m) 1
   2 Einschreiben
   3 Persönlich/Vertraulich
   1 Herrn
   2 Prof. Dr. Ernst Schneider
   3 Technische Universität
   4 Fakultät Elektrotechnik
   5 01062 Dresden
   6

n) 1
   2
   3 Einschreiben Einwurf
   1 Herrn Rechtsanwalt
   2 Dr. Otto Freiherr von Bergheim
   3 Parkweg 22 // W 54
   4 12683 Berlin
   5
   6

o) 1 Deutsche Post ✉ PC *STAMPIT* A001234567 0,55 EUR 18.03.04
   2
   3
   1 Herrn
   2 Dr. Dirk Müller
   3 Königswinterstraße 10
   4 80807 München
   5
   6

p) 1 25672/cq/rq 84/734
   2 Nicht nachsenden!
   3 Einschreiben
   1 Frau
   2 Erika Weber
   3 bei Konrad Schmidt
   4 Bahnhofstraße 4
   5 95444 Bayreuth
   6

q) 1
   2
   3
   1 Mevrouw J. de Vries
   2 Poste restante A. Cuypstraat
   3 Postbus 99730
   4 1000 NA AMSTERDAM
   5 NIEDERLANDE
   6

r) 1
   2
   3
   1 Casio Computer Co., Ltd.
   2 6-1, Nishi-Shinjuku 2-chome
   3 Shinjuku-ku
   4 TOKYO 163-02
   5 JAPAN
   6

Anhang E
(informativ)

Anwendungsbeispiele

Die in den Anwendungsbeispielen zwischen den Zeilen eingesetzten Punkte kennzeichnen die einzuhaltenden Leerzeilen.

Anwendungsbeispiel E.1

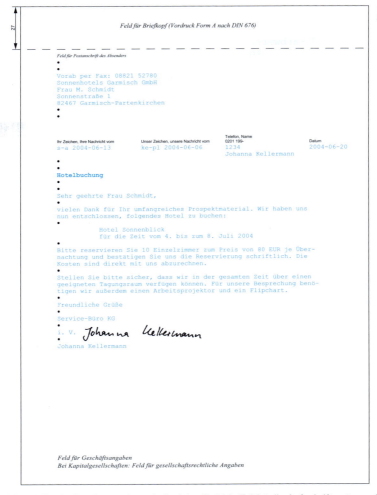

ANMERKUNG   In den Anwendungsbeispielen E. 2 bis E.8 ist die Aufschrift entsprechend den in 14.7 festgelegten Regeln ebenfalls zu ändern.